这里是辽宁

This is
Liaoning

文体旅丛书

山海有情　天辽地宁

山 水

津子围 著

春风文艺出版社
·沈阳·

图书在版编目（CIP）数据

山水/津子围著. —沈阳：春风文艺出版社，
2025.2
（"山海有情 天辽地宁"文体旅丛书）
ISBN 978-7-5313-6643-0

Ⅰ.①山… Ⅱ.①津… Ⅲ.①山—介绍—辽宁②水—
介绍—辽宁 Ⅳ.①K928.3②K928.4

中国国家版本馆CIP数据核字（2023）第247222号

春风文艺出版社出版发行

沈阳市和平区十一纬路25号　邮编：110003
辽宁新华印务有限公司印刷

责任编辑：姚宏越　孟芳芳　　责任校对：张华伟
封面设计：黄　宇　　　　　　幅面尺寸：138mm × 207mm
字　　数：126千字　　　　　印　　张：5.25
版　　次：2025年2月第1版　印　　次：2025年2月第1次
书　　号：ISBN 978-7-5313-6643-0
定　　价：60.00元

无尽的人地关系（代序）

近代地理学奠基人亚历山大·冯·洪堡认为，人是地球这个自然统一体的一部分。此观点随即让"人地关系"成为一个科学论题，也教给我们认识世界的方法。首先看地理，知吾所在；然后看人文，知吾是谁。

打开中国地图，或背负青天朝下看，东北有三省，辽宁距中原最近。南濒蔚蓝大海，北接东北平原，东有千山逶迤，西有医巫闾苍然，境内更兼辽、浑、太三河纵横。语曰：山川能说，可以为大夫。如此天辽地宁者，大夫不说，则愧对大自然所赐。

一方水土，藏一方文化。

看辽宁文化，需要回望1.2亿至2亿年前的辽西。深埋地下的热河生物群，几乎囊括了中生代向新生代过渡的所有生物门类。我们正是在那些化石上，看到了第一只鸟飞起的姿态，看到了第一朵花盛开的样子，看到了正在游动的狼鳍鱼瞬间定格之美。也正因为如此，辽西成为20世纪

1

全球最重要的古生物发现地之一，被誉为世界级化石宝库。看辽宁文化，更要回望古代先民在辽宁现身时那一道道照亮天穹的光。28万年前的金牛山人，25万年前的庙后山人，7万年前的鸽子洞人，1.7万年前的古龙山人，7000年前的新乐人和小珠山人，绳绳不绝，你追我赶，从旧石器时代走到新石器时代。当然，他们都只是演出前的垫场，千呼万唤中，大幕拉开，真正的主角是红山人。在辽西牛河梁上，我们看见了5000年前的女神庙和积石冢，还有那座巨大的祭坛。众流之汇海，万壑之朝宗，职方所掌，朗若列眉，从那一天开始，潺潺千古的大辽河便以中华文明三源之一，镌刻于历史之碑。

一方水土，写一方历史。

其一，辽宁在中原与草原之间，写中国边疆史，辽宁占重要一席。东北土著有东胡、濊貊、肃慎三大族系。东胡族系以游牧为生，慕容鲜卑让朝阳成为三燕古都，契丹把长城修到辽东半岛蜂腰处，蒙古大将木华黎则让辽宁乃至整个辽东成为自己的封地。濊貊族系以农业为生，前有扶余，后有高句丽，从东周到隋唐，各领风骚700年，一座五女山城，更是让居后者高句丽在辽东刷足了存在感。肃慎族系以渔猎为生，从黑水到白山，从生女真到熟女真，渤海将辽东山地大部划入其境，女真通过海上之盟与宋联手灭辽，然后把辽宁当成入主中原的跳板，满族则以赫图阿拉、关外三陵和沈阳故宫，宣布辽宁为祖宗发祥之地。其二，汉以前，中原文化对东北有两次重量级输入，一次是箕子东迁，一次是燕国东扩。汉以后，灭卫氏朝鲜设四郡，灭高句丽设安东都护府，中原大军总是水路与陆路并进，辽宁始终站在一条历史的过道上，要么看楼船将军来征讨，要么看忽报呼韩来纳款，坐看夷地成中华，阅尽沉浮与兴衰。其三，近代史从海上开始，渤海海峡被英国人称为东方的直布罗陀，旅顺口则被英国人改叫亚瑟港，牛庄和大连湾更是先后变成英俄两国开埠的商港，震惊中外的甲午战争、日俄战争、九一八事变，让辽宁成为举世瞩目的焦点，于是，在辽宁就有了东北抗联，就有了《义勇军进行曲》，就有了辽沈战役，就有了抗美援朝保家卫国。历史一页页翻过，页页惊心动魄。

一方水土，生一方物产。

最天然者，一谓矿藏，二谓鱼盐。那些被电光石火熔化挤扁的物质沉睡地层亿万年，它们见过侏罗纪恐龙如何成为巨无霸，见过白垩纪小行星怎样撞击地球，也见过喜马拉雅运动和第四纪冰河。千淘万漉虽辛苦，吹尽狂沙始到金。于是，我们看到了，辽东有岫玉，辽西有玛瑙，抚顺有煤精，鞍山有铁石，盘锦虽是南大荒，地上有芦苇，地下有油田。更何况，北纬39度是一个寒暑交错的纬度，也是一个富裕而神秘的黄金纬度，在这个纬度上有诸多世界名城，它们是北京、纽约、罗马、波尔多、马德里，当然还有大连和丹东；在这个纬度上，有美丽而神奇的自然风景，它们是塔克拉玛干沙漠、库布其沙漠、青海湖、日本海、里海、地中海、爱琴海，当然还有环绕辽东半岛的渤海和黄海。公元前300年的"辽东之煮"，曾助燕一举登上战国七雄榜，而距今3000年前的以盐渍鱼现场，在大连湾北岸的大嘴子。迄至近世，更有魏子窝和复州湾走上前台，令大连海盐成为国家地理标志性产品。而大连海参，就是冠绝大江南北的辽参；大连鲍鱼，就是摆在尼克松访华国宴上的那道硬菜；丹东大黄蚬、庄河杂色蛤，则是黄海岸亚洲最大蚬子库的一个缩影。此外，还有营口海蜇、营口对虾、盘锦河蟹。辽河与辽东湾，你中有我，我中有你，方有奥秘杰作。最生态者，一谓瓜果，二谓枣栗。大连苹果、大连樱桃、桓仁山参、东港草莓、丹东板栗、黑山花生、朝阳大枣和小米、绥中白梨和鞍山南果梨，还有铁岭榛子、北票荆条蜜、抚顺哈什蚂、清原马鹿茸……物之丰，产之饶，盖因幅员之广袤，蕴含之宏富，土地之吐哺，人民之勤勉。

一方水土，养一方风俗。

古人曰：千里不同风，百里不同俗。古人又曰：历世相沿谓之风，群居相染谓之俗。古代辽宁，在农耕文明与游牧文明交互地带；近现代辽宁，在东方文明与西方文明对接地带。于是，土著文化、移民文化、外来文化在大混血之后，走向了融合与多元。于是，这个文化以其边缘性、异质性、冒险性，既穿行于民间，也流布于市井。在时光中沉淀过后，变成了锅灶上的美食，变成了村头巷尾的戏台，变成了手艺人的绝活儿，变成了过年过节的礼仪和讲究。最有辨识度的辽宁美食，在沈阳有满汉全席、老边饺子、马家烧麦、苏家屯大冷面；在大连有海味全家福、海菜包子、炸虾片、炒焖子；在鞍山有海城馅饼、台安炖大鹅；在抚顺有满族八碟八碗；在本溪有蝲蛄豆腐；在丹东有炒米糠子；在锦州有沟帮子熏鸡；在阜新有彰武手把羊肉。最具代表性的民间艺术，在沈阳有辽宁鼓乐、沈阳评剧、东北大鼓；在大连有复州皮影戏、长海号子、金州龙舞；在鞍山有海城高跷、岫岩玉雕；在抚顺有煤精雕刻、地秧歌；在本溪有桓仁盘炕技艺；在锦州有辽西太平鼓；在盘锦有古渔雁民间故事。最原真的民族风情，以满族、蒙古族、回族、朝鲜族、锡伯族为序，在辽宁有五个系列。若要下场体验，可以去看抚顺新宾满族老街、本溪同江峪满族风情街；可以去看阜新蒙古贞庄园、北票尹湛纳希纪念馆；可以去看沈阳西关回族美食街；可以去看沈阳西塔朝鲜族风情街、铁岭辽北朝鲜族民俗街；可以去看沈阳锡伯族家庙、锡伯族博物馆。民俗之复兴，是本土文化觉醒的重要标志，风情之淳朴，是本土文明的真正升华。

一方水土，扬一方威名。

近代世界，海陆交通，舟车四达，虽长途万里，须臾可至。当代世界，地球是平的，都会名城，同属一村，经济文化，共存一炉。辽宁是工业大省，前有近代工业遗产，后创当代工业传奇，写中国工业编年史，辽宁是不可或缺的重要一章。尤其是当代，辽宁既是名副其实的共和国长子，也是领跑共和国工业的火车头。沈阳铁西区，已经成为"露天的中国工业博物馆"。旅顺大坞、中船重工、大连港、大机车，已经以"辽宁舰"为新的起点，让现在告诉未来。鞍山钢铁厂、抚顺西露天矿、本溪湖煤铁公司、营口造纸厂、阜新煤炭工业遗产群，则用会当水击三千里的底气，托起辽宁工业腾飞的翅膀。辽宁是文博大省，行旅之游览，风人之歌咏，必以文化加持，而最好的载体，就是深沉持重的文博机构。辽宁在关外，文化积淀虽比不上周秦汉唐之西安，比不上六朝古都之南京，比不上金元明清之北京，却因地域之独特，而拥有不一样的出土，不一样的珍藏。而所有的不一样，都展陈在历史的橱窗里。既然不能以舌代笔，亦不能以笔代物，那就去博物馆吧。文物是历史的活化石，正因为有辽宁省博物馆、辽宁古生物博物馆、大连自然博物馆、旅顺博物馆、朝阳博物馆以及朝阳鸟化石国家地质公园等等，辽宁人确切地知道自己是谁，究竟从哪里来，因而对这方土地保持了永远的敬畏与敬意。辽宁也是体育大省，因为有四季分明的北方阳光，因为有籽粒饱满的北方米麦，也因为具备放达乐观的北方性格，辽宁人的运动天赋几乎是与生俱来。所以，田径场上，就跑出了"东方神鹿"王军霞；足球场上，就踢出了神话般的辽宁队、大连队；奥运会上，更有14个项目获得过冠军。最吸睛的，当然是足、篮、排三大球，虽然没有走向世界，但在中国赛场上，只要辽宁队亮相，就会满场嗨翻。看辽宁人的血性，辽宁人的信仰，就去比赛场上看辽宁队。

当今中国，旅游经济已经走过三个时代，这三个时代分别是观光时代、休闲时代、大旅游时代。观光时代，以旅行社、饭店、景区为主，最多逛逛商业街，买买纪念品，完成的只是到此一游。休闲时代，以行、游、住、食、购、娱为主，于是催生了"印象系列""千古情系列""山水经典"系列，也只不过多了几个卖点。如今已是大旅游时代，特点是旅游资源无限制，旅游行为无框架，旅游体验无穷尽，旅游消费无止境。就是说，考验一个地方有没有文化实力的时候到了，所谓大旅游时代，就是要把一个资源，变成一个故事，一个世界，一个异境，然后让旅游者蜂拥而至，让这个资源成为永动机，让情景地成为去了再去、屡见屡鲜的经典。

正因为如此，有了这套"山海有情 天辽地宁"文体旅丛书，梳理辽宁文体旅谱系，整合山水人文资源，献给这个方兴未艾的大旅游时代。

素　素

2025年1月于大连

目录

1

你来自远古深处

——辽　河

我曾三次踏访辽河，从东辽河和西辽河的源头一直到出海口。辽河的源头有两个，出海口也有两个，历史上的出海口和现在的出海口。

有人让我简单地概括走辽河的收获，我说，了解得越深入，就越会觉得自己渺小和无知，就会对辽河肃然起敬，心存感激。

毫无疑问，人类文明都与河流有关。关于辽河，文献记载的"择水而居""逐水草而居"，其中"择"和"逐"的含义区别很大，一个是选择，一个是追逐，这后面是河流的地质风貌，无论选择还是追逐，人们都离不开水这个生命之源。

东辽河与西辽河的汇合口叫福德店，那是一个地图上找不到名字的地方，可它的名气却挺大，福德店是东辽河和西辽河"结婚"的地方。如果把一条河看成生命的过程，那么，源头是出生地，一声啼哭，横空出世。上游则是童年时光，落差较大，激越跳荡，然后进入青春期，四处探寻，充满活力。河流的中游就是它的中年，除了遭遇水灾的年份改道，一般情况下还算平稳，沉默寡言，滋养深阔。下游进入老年，河水流速缓慢，河面宽大宁静，对待其承载的、恩泽的、破坏的都看轻、看淡了。还有，一条河从古走到今天，也可以从历史时段把它看成是童年、青年、中年、老年什么的，现在的辽河是青年还是中年呢？主观上，我还是愿意把它看成青年。

辽河岸边

和净化。

那里有个怪现象：大耗子岛不大、小耗子岛不小。小耗子岛的陆域面积和人口都比大耗子岛大，那为什么叫小耗子岛而不叫大耗子岛呢？据说与一个传说有关，当初，大耗子岛有一只母耗精和8只小耗子，母耗精四处兴风作浪，天神发怒，雷劈母耗精的同时也劈死7只小耗子，剩下一只小耗子逃到海里，游到对面孤岛幸免一死，后来人们就称这个实际更大一些的岛为小耗子岛了。

登上獐子岛高处，俯瞰整个岛屿，远处的山峦连绵起伏，海水波光潋滟，海天宽广无垠。鹰嘴石是獐子岛最具代表性的礁石，它庄重地坐落在悬崖峭壁上，俯瞰着浩渺的大海。鹰嘴石的形状如同一只昂首伸展翅膀的巨鹰，被岛上的渔民尊奉为神石。传说它是天上金华娘娘身边的仙鹰，因为偷食了宝珠而被贬下凡间，固定在礁石上守护着獐子岛。当渔民们在大雾中迷失方向时，鹰嘴石会高声鸣叫，引领他们平安归航。

岛上的人们深信海神娘娘和神鹰的保佑带给了他们富足与幸运。他们将鹰嘴石视为自己的"幸运石"，认为它给予他们勤劳的品质，让他们过上富裕而祥和的生活。

每年正月十三是海神娘娘的生日，岛上的居民们都会将自家造的渔船、渔灯放入滚滚海浪中，燃放鞭炮。他们点燃炮仗，以此向海神娘娘献礼，祈求海神保佑他们的捕鱼活动一帆风顺，家人身体康健。夜幕降临，星辉如繁华落尽后的安宁，洒满每一颗期待的眼睛里。

獐子岛海鲜最为有名，名贵海珍品数不胜数：獐子岛刺参、皱纹盘鲍、马粪海胆、海湾贝柱、紫石房蛤、寄居蟹以及赤甲红蟹、花盖蟹、虾夷扇贝、海螺、真海鞘、六线鱼、黄条鰤等。在那里，可以品尝到地道的渔家美食，活海鲜和原始的烹饪激发人们的味蕾

獐子岛

风暴，不由得感激来自大海的馈赠。

　　每年的獐子岛渔民节和渔家秧歌婚礼，让更多人体验到鲜活而独具特色的渔家风情，除海鲜大餐外，渔家饭菜也别具特色，有地瓜梗子炖大棒鱼、萝卜条炖咸鱼、芸豆蚬子手擀面等。海岛人热情好客，如果遇到大风天气开不了船，就得多在岛上留几天，着急也没用。这是因为热情好客的獐子岛人感动了老天爷，叫作"人不留客天留客"。

　　半个多世纪前，老一辈獐子岛人在这个远离大陆、一穷二白的小岛上自力更生，开始了艰苦的创业历程，它曾先后被誉为"海上大寨""海上明珠"和"海底银行"。目前，獐子岛在生态优先、环境友好的前提下，正全力推进海洋牧场建设，曾经的"中国电话第一岛"必将赢得新的声誉和荣誉。

　　踏在通往山顶上的石阶小路，两侧都是粗壮的柞树和虬曲多姿的枫树，那里有2001年竣工的世纪台阶，由2001级台阶组成，山顶与海岸之间，世纪台阶如同时间的长廊，检验着自然的力量、人类的坚忍和信仰的伟大。

海上有个"桃花岛"

——觉华岛

觉华岛这座孤悬海外的岛屿，传说是小说《射雕英雄传》里桃花岛的原型，金庸先生是这样描写桃花岛的："四下眺望，南边是海，向西是光秃秃的岩石，东面北面都是花树，五色缤纷，不见尽头，只看得头晕眼花。花树之间既无白墙黑瓦，亦无炊烟犬吠，静悄悄的情状怪异至极。"觉华岛在唐宋时期的确叫桃花岛，说是燕太子丹刺杀秦始皇失败，乘一叶小舟避难于"大海山"，后来开满桃花，孤岛被称为桃花岛。岛上有一个百余米深的山洞，叫藏王洞，也叫唐王洞，藏王洞与太子丹有关，而唐王洞就与唐太宗李世民有关了。根据考古发现，海岛东南的风凉山上出土了4000年前的磨制石器，其中石磨棒和石斧十分精致，证明新石器时期就有人类在此繁衍生息。辽代，那里还是古兴城所在地，至今仍残存着古城墙遗址。说是1000多年前，辽圣宗的老师觉华法号圆融大师，在岛上修建大龙宫寺，辽圣宗赐名该岛为觉华岛。

觉华岛位于兴城东南10余公里，是辽东湾最大的岛屿。晨雾迷蒙之中，我和友人乘船踏访觉华岛，轮船航行在那青色的海面上。等到太阳升起，雾气渐渐散去，海岛露出了轮廓，它宛如一个长葫芦，在宽阔的海面上漂浮着。这个由主岛及三小岛组成的群岛，主岛觉华岛山石秀美、古树参天，犹如一颗海上"绿珍珠"。南有张家山岛和阎家山岛，宛如两颗明珠镶嵌在海面之上；北有磨盘山，巍

觉华岛一角

峨耸立，袒露着坚强的气质。在阳光照耀下，岛屿显得格外壮观，海浪轻轻拍打着岸边的礁石，让人感受到大海的浩渺和岁月的沧桑。金代诗人王寂曾登岛留诗"云奔雾涌白浪捲，一叶掀舞洪涛中。平生行止类如此，凭仗愿有信与忠"；清代诗人和瑛在觉华岛留下了"碧海真如画……绝顶隐流霞"的名句。

一踏上岛，我就被眼前的景色深深吸引：岛边金沙滩，雪浪堆岸、海风习习、远处鸥击海空、船影幢幢。岛上的名胜古迹更是令人赞叹不已。辽代的大龙宫寺、明代的大悲阁和海云寺，还有石佛寺、唐王洞以及八角井，这些地方都充满了厚重的历史和文化气息。站在大龙宫寺的山门前，望着那几百年的古建筑，仿佛能听见岁月的袅袅余音。辽金时代，这里就成为佛教圣地，民间素有"南普陀、北觉华"之美誉，足见其宗教地位之显赫。岛上自然景观极其丰富，有九顶石、石林以及"花岗浪雕""黛石海琢""过海石舫"等。

我站在山顶，俯瞰整个岛屿，看到了绵延的海岸线、苍翠的树木、闪烁的灯火。觉华岛的美，不仅仅是大自然的赠予，更在于那份淡然与平静。绿树蓊郁，野花芬馥，仿佛一切都在静静地诉说着这座岛屿的故事。

觉华岛的灵魂在于隐藏在神秘树丛中的遗址，时光最近的遗址，现今仍清晰可辨：那是明代囤粮城的矩形城墙。东西宽约250米，南北长约500米，当年城墙高约10米，宽达6米。南墙设有二门，联通"龙脖"，便于岛上往来；北墙设有一门，直达城外港口，是粮料和器械运输的通道。城中尚有粮囤、料堆及守城官兵营房遗迹，一条纵贯南北的排水沟也清晰可见。

历史上，觉华岛所处的靺鞨口是唐代已经开发的重要港口，这里的海岛地理位置得天独厚，明代时，这里曾经是明觉华岛水师的驻地，明军在广宁失陷后的主要粮储之地，由游击金冠统领。他们的任务一方面是守卫岛上的粮料和器械，另一方面则是配合陆师收复辽东失地，同时还需要支援宁远城的防守。明军在岛上与宁远城相掎角，加之后金军不习水战，自以为形成了坚不可摧的防线。

然而，历史的巨轮是磅礴的，无法抵挡。当年，努尔哈赤攻击宁远城无果，转身攻打明军的后勤基地觉华岛。天启六年（1626）那个严寒的冬季，海面冰封，后金军队可以直接从冰面到达岛上。觉华岛的守军为了加强防御，沿岛凿开一道长达15里的冰濠，以阻止后金骑兵的冲锋。可惜冬日严寒，冰濠刚被凿开，就立即冻合，再凿开，又封冻，风雪之中，将士们"日夜穿冰，兵皆堕指"。

让我感动的是，尽管明军数量寡少、装备简陋，甚至只是水手，不耐久战，但他们仍然坚守在这座岛上，用生命来捍卫他们的家园。他们与后金骑兵展开了一场惨烈的战斗，火光映照下的觉华岛显得格外悲壮。明军的几位将领，在这场战斗中都英勇地战死，明军可谓伤亡惨重，后金军也付出了极大的代价。

此战，觉华岛上的粮食被焚烧一空，船只被毁，更重要的是，这个曾经作为明朝关外后勤基地的岛屿，被后金军摧毁，史称"觉华岛之战"。

奇怪的是，我在岛上并没有见到桃树，也许那里有桃树，但恐怕没有大面积的桃花，相反，因为岛上盛开大片大片的野菊花，1922年改称为菊花岛。不过到了2009年12月15日，经兴城市六届人大会议审议通过，菊花岛更名为觉华岛，菊花岛乡改为觉华岛乡。

觉华岛上少见桃树，却可以看到很多北国罕见的菩提树，至今岛上仍生长着108棵千年菩提古树，千年来风风雨雨，它们始终守护在那里。

觉华岛

金色的海滩

——金石滩

　　反射着阳光刺眼的芒，穿过无尽的蓝，中国最美景区之一——大连市金石滩登场亮相，就显示了独特的魅力。那里四季分明，冬无严寒，夏无酷暑，不光有石头，还有洁净的沙滩、蔚蓝的大海、碧绿的草地和茂密的森林。这块广阔的土地包括陆地面积78.52平方公里，海域面积58平方公里，在被三面海水环绕的陆地上，呈现出一种难以言表的逼真性，被誉为"神力雕塑公园"。

　　这片海滩延伸至天际，远处的海天相接处浩渺壮丽。蓝天与碧海交融，辽阔而富有生气。阳光洒在金石滩上，岩石闪着晶莹的光芒，如同镶嵌在黄金之中，散发出迷人的魅力。蜿蜒海岸散布的异体岩石，是6亿年前震旦纪的见证者。今天，它们静静地横躺在绵延13里的海岸线上，被誉为"天然地质博物馆"。这些岩石，如同大自然的鬼斧神工，与潮汐相抵，悄声低语。

　　东部海岸景区是一条8公里长的自然画卷，虽然一眼望去并不遥远，但它所承载的历史恰如一条跨越了史前9亿年至3亿年的时光隧道。在这片天然的地质图书馆中，可以清晰地看见各种形态的沉积岩石、古生物化石、海蚀崖、海蚀洞以及石柱、石林等海蚀地貌。它们被雕琢得如此完美，每一片石头，每一处沟壑都力证了大自然那鬼斧神工的手笔，在沉默中讲述着数亿年的

金石滩美景

金石滩

故事。

金石滩拥有世界上块体最大、断面结构显露最为清晰的沉积岩标本，岩石形成于6亿年前的震旦纪。海岸沿线共有四大景区88处景点，奇石地质景观比比皆是，被世界地质学界称之为"海上石林"。动物造型的石头随处可见，共有300多种，形象逼真、惟妙惟肖，被誉为"凝固的动物世界"。

沿着美丽的海岸线，来到金石滩东部半岛，这里植被繁茂，礁石林立，山海相间的美妙画面让我想起了震旦纪和寒武纪的远古世界。玫瑰园、恐龙园、南秀园等天然景区得益于这里的地质地貌、沉积岩石和古生物化石，具有不可复制的独特性。这里有猛虎回头、石猴观海、群鲸登陆、海龟上岸、哮天犬等景点的"玫瑰园景区"；有贝多芬头像、将军石、相亲石、九龙画壁、恐龙探海等景点的"龙宫奇景"；有龟裂石、大鹏展翅、骆驼卧海、仙人巨肘、刺猬觅食、枯木逢春等景点的"南秀园"；有观音石、炎黄子孙、层岩叠彩、神龟寻子等景点的"鳌滩景区"。

漫步在这片广阔的海滨地带，有一片粉红色的礁石区域，被称为"玫瑰园"，这些礁石是由7亿年前藻类植物化石堆积而成，大自然的创造力令人叹为观止。当潮涨时，它们与湛蓝的海水相映成趣，如同灿烂盛开的花朵；潮落时，我踏着光滑如玉的鹅卵石，仿佛置身于一个梦境般的世界。

龙宫原在大海深处，后来由于地壳变迁，慢慢变成了海滩，海浪与礁石经久不衰地触碰，形成了海蚀溶洞，溶洞差不多有20米高，涨潮时小舟可以穿行，退潮时，游人可以徒步探幽，那里洞洞相通，别有洞天。在这里还可以见到这样一面岩壁：它纹理扭曲着、缠绕着，形状好似龙王鼎、龙王床、龙宫钟楼。

在金石滩最东侧的海滩岬角，有一片最年轻的岩石层——鳌滩。

之所以取名为鳌滩，是因为那里的龟裂石和著名景观"神龟寻子"都与龟有关。而"鳌"就是传说中海里的大龟或大鳖，相传龙生九子，九子各不同，而鳌正是龟身龙首的龙子。

越过东部海岸景区，就进入黄金海岸海水浴场，海岸长达4.5公里，分为西中东三部分，是辽南最佳海水浴场，也是中国北方最大的自然海水灯光浴场。在暮色降临时，波光粼粼的海面在灯光的映照下闪烁着诱人的光芒，像一片流动的金沙，令人不禁想起那句诗："吾爱沧海之猛于豹，静如处子，洒金秋与银夜。"在那里，可以感受到时间的河流，在月光下缓缓流淌，过去、现在和未来似乎融为一体。

金石滩的地质艺术品中，最引人注目的是龟裂石，它如同乌龟静卧在海边的甲壳，上面布满了巴掌大的方格，每个方格内是深红色，边缘则显出绿色，宛如一幅精致的抽象画。龟裂石是目前世界上发现的最大的沉积岩标本。据考证，类似的石头目前在地球上仅有两块，另一块在加拿大，但块体体积比这块小。世界地质学论坛上曾多次宣布"世界上最大、最美的龟裂石在中国大连的金石滩，它不但是中国一绝，也是世界一绝。"

关于龟裂石的形成过程，北京大学地质系教授郑辙曾这样叙述：6亿年前的震旦纪是生命诞生的新纪元，是我们这颗年轻星球的青春期，这里原本是一大片沼泽地。那时的太阳比现在炽热，以致那时的地球也如同燃烧的火，处处充满着躁动，正是在那个时期巨石被暴晒出几米深的裂缝。后来经过地壳变迁，沼泽下沉到海底，裂缝被夹杂着生命残体的砂石填满，形成了沉积岩。经过无数的岁月，沧海变桑田，这片岩层露出了地表，逐渐变成现在这个样子。现在，在世界各地所能看到的震旦纪地层都失去了往日颜色，唯有在这里，可以看到那个火红纪元的真实本色。

大鵬展翅

在金石滩，不仅可以领略到大自然的壮丽景色，还可以感受到时间的深邃。漫步在这片土地上，仿佛穿越了时空长河，目睹了亿万年的变迁，它将人类的存在与宇宙的浩瀚联系在一起，仿佛伸手就能触摸到地球无尽的秘密——龟裂石前一次不经意的抚摸，也许，瞬间就跨越6亿年的距离。

深红的告白
——红海滩

  一条河流仿佛人的血管，有动脉，有静脉，还有密密麻麻的毛细血管。盘锦地处辽河三角洲中心，入海口沟沟汊汊，有21条支流组成了沼泽水脉，将辽泽分割成无数块湿地，站在初秋的辽河入海口，大片大片的草滩，犹如血液流淌的红色涌入眼帘，满眼绯红，那就是红海滩，中国最浪漫的游憩海岸线——"海红情深"。

  有人形容红海滩是一片血红的海洋，辽河和大海交汇的颜色，其实，红色来源于一种叫碱蓬草的植物。碱蓬草是一年生草本植物，叶子丝条形，像"多肉"般圆润饱满，高的可以长到1米。其性耐盐、耐湿、耐瘠薄，并能改造潮滩土壤，是盐碱地改造的"先锋植物"。另外，碱蓬草还有药用价值，《本草纲目》定义其有"消积"功能，现代医学研究发现，碱蓬有抗氧化、清除自由基、降糖、降压、扩张血管、防治心脏病、增强人体免疫力等功能，多种指标比螺旋藻更优秀。

  盘锦红海滩是世界上规模最大、保存最完好的湿地资源，从4月初的嫩红，逐渐转深，到10月由红变紫。民间，人们把碱蓬草视为一种野生作物，嫩茎叶可鲜食，草籽可做油料。在渤海辽东湾，初春有吃碱蓬菜包子和馍馍的习俗，滩边的渔民村妇采来碱蓬草的叶和茎，掺着玉米面蒸出"红草馍馍"，那是粮食短缺年代的刻骨记忆，现在碱蓬菜包子成了改善生活的稀有佳肴。碱蓬草只有在初芽粉绿的时候吃，老了就不能食用了。成熟的碱蓬草由绿变红，越老越红。

北方的天空是如此澄净，仿佛可以洞察世界的尽头。在这辽阔的红海滩上，层层叠叠铺就的碱蓬草如火红的花毯，当夕阳的余晖落下，海面上的浪花火焰般燃烧起来，与河滩凝重的殷红交相辉映，几种红色交织在一起，浓得让人心跳加速，深得让人无法忘怀。

关于红海滩，有一个古老的传说，那是一个关于龙王之女红袖和打鱼郎芦生的凄美爱情故事。红袖的泪水和血液染红了这片滩涂，留下了永不褪色的大片殷红。恍惚间，我仿佛看见龙王的女儿红袖在月色下的河口，被年轻魁梧的芦生深深吸引，看到他们在生机勃勃的海滩上悄悄倾诉爱意。然而，无论天上还是人世，爱情终究不能逃脱命运的捉弄。龙王发怒了，把芦生打入冰冷的海里，大海吞噬了他的生命。红袖伤心欲绝，泪水染红了海滩……每当月光洒落，微风中能听见红袖的哭泣声，如泣如诉。这片红了一年又一年的海滩，将爱情与勇气、生与死、美丽与哀愁融为一体。

还有盘锦的河蟹故事。相传当年唐王李世民御驾东征，行至三岔河口，因无法过河而苦恼。后来，一群螃蟹组成的桥让百万大军顺利通过，但当最后一个人回头看去，桥已陷入水中。那些螃蟹隐匿在一望无际红海滩里，夜色斑斓，浮出水面的螃蟹列成了纵横交错的队伍，好像说不准哪一天，它们还会组成桥，通向无名的岸边。

接官厅是一个老地名，袁崇焕曾在那一带布防排阵。他只身深入敌后，乔装改扮，一夜之间，建起了栈桥和草厅，重振军威。虽然历史的烽火硝烟已经消散，但是铁骨铮铮及勇气却长久流传。

18公里长的红海滩国家风景廊道，南起二界沟混江沟大桥，北至接官厅大桥与旅游路接口。5月到10月是观赏红海滩的最佳时间，

最美的红海滩廊桥

天成仙境水云间

红海滩鸟瞰

它的左侧是一望无际的红色海滩，右侧则是连绵起伏的芦苇荡。春夏季节，红绿分明；秋冬季节，金黄和红色交映，美不胜收。

在爱情宣言廊，情侣们轻声细语地交换着爱情誓言，红色的背景中留下了热烈的印记，如同明亮的光照亮对方。情人岛是一个自然形成的岛屿，传说这里拥有神秘的爱情力量，能够实现真爱的愿望。外形酷似月下老人抛入凡间的一条红丝带，廊桥爱梦以心形廊架与拱状鹊桥相连，跨越红海滩上弯曲的河道，在妩媚晚霞的映衬下，情侣手牵手的剪影染成了玫瑰色，而廊桥下的滩涂里，有密密麻麻的小洞，那是招潮蟹的家园，它们静静地居住在那个诗意的世界中。

潮水在辽河口湿地耕耘出许多大小不一的潮沟，一些潮沟的名字土得有些掉渣，如干鱼沟、鸡爪沟、裤裆沟、流子沟、红草沟等，却充满了生机。当太阳穿越云层，将余晖照在红海滩上，泛起一片火红，这是辽河口二界沟居民曾经期待的景象。二界沟，一个名字平淡无奇的小镇，却孕育出了丰富的"渔雁文化"。它的名字始于清朝乾隆年间，当地渔民经常在一个没有名字的沟里出海，东沟西沟被两个县分管，人们便以此为记，称之为二界沟。那些像候鸟一样追逐季节迁徙的渔民，追随着鱼虾的踪迹，从春季开始，随着季节的变化而移动。他们在滩涂和浅海中捕鱼捞虾，过着"生吃螃蟹活吃虾"的渔猎生活。长年累月的洗礼与淘荡，使他们在大自然的怀抱中磨砺出坚忍的品格。那些寻找生活的渔民，在辽阔的大海与广袤的天空之间，创造着他们自己的历史。当年的"渔雁"已经难寻踪迹，他们的故事至今仍令人动容。

"渔雁文化"是辽河口的一种特殊存在，辽河的海冰也有其特殊的作用，这一点常常被人们所忽视。有年冬天，我有缘在飞机上俯瞰结冰的辽河入海口，白色冰排碎块不规则地镶嵌在海岸线上，像以前装饰台阶的人工水磨石，海冰从岸边向外海延伸，依次分为固定冰、初生冰、冰皮、尼罗冰、莲叶冰、灰冰、灰白冰等，而近岸多是堆积冰。

海冰是碱蓬草不可缺少的环境要素，融化后的冰水可以稀释盐分高的海水，恰好可以让红海滩区域的氯化钠含量处于0.031%~4.356%之间，从而有利于碱蓬草大面积生长。海冰也是国家二级保护动物斑海豹的繁衍生息之地。每年入冬前，斑海豹都要洄游到这里繁殖后代，冰区成为它们理想的产院；冰排成了繁育后代的产床。冰封的辽东湾成为斑海豹越冬的理想家园，直到次年开春它们才离开。斑海豹游走了，海豚又来了，如此往复，大自然成就了神秘的耦合。顺便说一句，斑海豹是盘锦市的吉祥物，它还是第十二届全国运动会的吉祥物——"宁宁"。

每逢初一和十五，大潮时分，浪花覆盖着这片暗红色的土地，勾勒出美丽而壮观的天然画面。进入卧龙湖码头，小船在芦苇荡中穿梭，各种鸟类的叫声回荡在耳畔，湖水中欢快游动的鱼儿跃出水面，生机与活力打破了原始的宁静。进入沼泽深处，身边是金黄色的芦苇，映衬在阳光下，芦苇穗尖儿银光耀眼，春秋时节，栖息着成千上万只鸥、杓鹬、大雁、野鸭、野鸡、水鸭，而珍稀的野生丹顶鹤、金千鸟、鹬鸪、大鸨、麻鹬等也数不胜数。此刻，我脑海里浮现出一长串词汇：波光粼粼、菩提灵光、云蒸霞蔚、生命永恒……

现在的红海滩，海岸线上港口码头星罗棋布，繁忙而兴旺，采油厂井架和采油树排排林立，勤劳而繁荣。黄、绿和紫三种颜色的稻叶在水田中交织出美丽富饶的图案，绘就出一个绚丽多彩的"稻梦空间"。

红海滩是一个被太阳染红的世界，向人们展示了一场深红的告白，值得我们谦卑地向它致敬，看过就令人难忘。这一过程中，我不由得闭上了眼睛，很怕看多就看没了，不舍得多看几眼！

白鹤红海

洞中万象

——本溪水洞

本溪水洞大范围对外开放之前，我有幸与从事文学创作的朋友去探寻过，仿佛是去寻找隐藏在水洞深处的神秘宝藏。一路东行，我们来到了位于本溪县城东4公里远的谢家崴子，抬头望去，青山如屏，蜿蜒的太子河像一匹银色的丝带在山间穿行。来到水洞入口，向导给我们发军大衣，那时天气炎热，差不多二十七八摄氏度。在向导的指导下，一行7人有的拿手电筒，有的拿火把，有的拿木棍，跟在向导身后，陆续进入谢家崴子山腹之中，走了十几米，军大衣开始发挥作用。此时，光线幽暗，需要照明了，再走三四十米，一众人被积水拦住，我们只好上了一只小木船。木船在幽深的水洞里徐徐前行，桨声欸乃，洞穴里水流静谧，清澈的河底深达丈余。行船在曲曲折折中穿越，终觉巨石阻路，向导带我们弃船徒步而进，发现了诸多未知的奇景，时而宽绰，时而狭窄，时而深浅交错，险象环生。那是一次与大自然真实的亲密接触，神秘的探知欲和恐惧感交织在一起，一路上，兴奋、紧张乃至惊惧，返回入口，我的后背已经湿透，不知道是汗水还是洞里滴落的雨水，反正我被水洞"淋过一次"。

喀斯特地貌景观在贵州、云南、广西并不稀奇，而对于干旱少雨的北方就另当别论了。水洞属典型的高纬度喀斯特地貌，据说是至今发现的世界最长的地下充水溶洞。远在5.7亿年前，这个地区曾

本溪水洞

是一片汪洋，气候温暖潮湿，海洋生物繁衍生息，它们的遗骸经过亿万年的沉积和地壳运动，最终形成了今天壮丽的石灰岩景观。陆地缓慢地抬升，海水逐渐退去，受到外力的作用，石灰岩逐渐被溶蚀，最终形成了现如今的模样——本溪水洞见证了地球演化的历史。

水洞距离本溪市35公里，已探明的洞穴系统由九曲银河主洞道、蟠龙洞旱洞道、银波洞充水洞道以及上游延续暗洞构成。经过开发，对外开放的水洞分水、旱两个洞。高16米、宽25米的半月形门洞入口，散发着一种神秘的吸引力，仿佛邀请游人走进未知的领域。迈入洞口，可以见到一个大气磅礴的"迎客厅"，宽敞壮观，随后分别导向旱洞和水洞。旱洞长达300米，洞穴错落有致，曲折蜿蜒，每一个角落都隐藏着独特的洞天。而水洞则是一条清澈见底的地下暗河，"三峡""七宫""九弯"，平均深度2米，最深处7米有余，水流从未间断。乘坐电动船在河上漫游，仿佛在仙境中穿行，映入眼帘的是洞顶和岩壁上挂满的钟乳石，伸手就能摸到，"双剑峡"如千把利刃，让人有"舟在水中行，人在剑丛过"的惊险感受。经现代光、电技术处理，石笋、石柱、石花、石瀑等五彩斑斓，千姿百态，成为大自然雕塑的杰作，瑰丽而美妙的艺术世界。

水洞幽深，恍若迷宫，无论选择哪条路线，都能发现不为人知的奇景。"紫霄宫""海眼""香脂壁""龙涎障"以及"悬岩峰"，尤其是那由细流汇聚而成的"龙涎障"，流水从洞顶滴下，凝结为一块块微黄的石膏，如同龙的唾液晶莹剔透，似乎每一滴水都在诉说着生命的故事，令人叹为观止。

"钟乳奇峰景万千，轻舟碧水诗画间；钟秀只应仙界有，人间独此一洞天"。这便是被《国家地理》评为"中国最美旅游洞穴"的本溪水洞。

本溪水洞风景区由6个景区组成：水洞、关门山、铁刹山、温

本溪水洞

本溪观音阁水库

泉寺、汤沟、庙后山。庙后山古文化遗址将时光拉回到旧石器时代早期，四五十万年前的旧石器时代人类祖先在这片土地上繁衍生息。这些考古证据不仅填补了中国东北地区旧石器时代的空白，同时展示了本溪在东北亚人类分布和迁移中的重要地位。温泉寺景区的泉水日流量高达400立方米，最高温度可达44℃，拥有极高的医疗价值。

　　而本溪湖只有15平方米，被认定为世界上最小的湖泊，环绕湖畔的峰峦挺拔，如同用犀牛角做的酒杯，故称"杯犀湖"，也称"本溪湖"，给这个城市命名的正是它，从此，本溪这个名字就与这座城市永远相连了。

　　本溪水洞仿佛一条神秘时间隧道，将远古的盲盒打开。

枫叶无边

——本溪枫叶

枫红也有指数，这倒是一件新鲜事，去本溪看枫叶之前，我查了当日的枫红指数，知道指数分为1—3级，当然是第3级最好，3级代表枫叶处于正红状态，变色率最高接近95%，进入最佳观赏期。关门山、枫林谷、铁刹山、老边沟、大石湖、大冰沟、大峪沟、天桥沟等枫红指数是不同的，有的3级，有的2级，还有的1级。叶片颜色的变化受到光照、温度以及土壤pH值等影响，所以，不同地方的枫叶，有的早红有的晚红。

红叶是怎么变来的？红色是绿色变的。绿色因为含有叶绿素，黄色的树叶含有"类胡萝卜素"，而红色树叶含有"花青素"。原理是这样的，但并不是说树叶一开始就是红的，多半由于外在条件影响，叶绿素褪去，花青素显现，于是，叶子变红了。

本溪有100余座海拔千米以上的山峰，200多条河流，还有大、中、小人工湖20多座，那里的环境适合枫树生长，是名副其实的枫树的故乡。2011年9月8日，当时的国家林业局授予本溪市"中国枫叶之都"称号。

不仅枫树，本溪的植被也极其丰盛，被选为市花的天女木兰就十分珍贵，每年6月上旬至7月中旬，神秘而高贵的木兰花悄然盛开，淡雅的香气萦绕于山谷之间。葳蕤的绿色世界里，还有红豆杉、桓仁山参、刺龙芽、大叶芹、刺五加等自由生长，一棵棵树木，一

本溪老边沟景区

片片叶子，都象征着大自然无穷的创造力。每一条向大山深处延伸的小路旁，几乎都有一条清澈并且充沛的小溪，它在浓郁的林荫下蜿蜒盘旋，时而形成飞瀑，时而化为潭池。伸手掬起一捧溪水，透过晶莹的水珠，仿佛可以窥见这片幽深森林的秘密。河鱼、林蛙等野生水产在溪流中自由穿梭。

当秋天一点点靠近，枫叶开始由绿转黄，由黄渐橙，由橙变红，由红而紫，像是大地的调色板，各种颜色混合起来，漫山遍野五彩斑斓——银黄的落叶松，艳红的火炬树，赭黄的柞树，酱紫的槭树，墨绿的松树，丹红的枫树……五彩山色，层林尽染。当第一场霜降临时，这里的枫叶嗵地一下，以迅雷不及掩耳之势，满山红遍，放眼望去，红枫无边无际。山林里，溪流畔，房舍间，小桥旁，到处都弥漫着热烈的色彩，令人目不暇接。有人说，本溪的红叶堪比加拿大的红叶，我没去过加拿大，见过移栽到国内的加拿大红枫，印象中，那个品种的红枫夏天就变得酱红，不知道在加拿大是否也需要经过霜打，我甚至有些固执地认为，经过霜打的枫叶才红得透彻，澄澈明亮。

本溪的红叶并不全是枫叶，有很多是槭树叶，假色槭、鸡爪槭、色木槭、元宝槭、茶条槭、青楷槭、花楷槭、小楷槭、簇毛槭、糖槭、拧筋槭、白牛槭……种类繁多，百态纷呈。从3角、5角到13角，有心形、扇形、掌形、角形等不同的形状，有玫红、杏红、猩红以及无法命名的红。事实上，国内四大著名红叶观赏点也不全是枫叶，北京香山多为黄栌，南京栖霞山以枫香树、鸡爪槭、三角枫为主，爱晚亭附近多鸡爪槭，长沙岳麓山山上多枫香。比较起来，本溪还算是集中的枫树分布区。有趣的是，叶色最红、持续时间最长的居然有一个不太雅致的名字——假色槭。

"秋色已随枫树老，晨曦仍似蓼花红。"明代的蕅益智旭禅师这样感叹。可惜赏红叶的时间太短暂了，一年不过三周左右。再美丽的事物都有消亡之时，亦如一团燃烧的火，化为一片瑰丽的云霞，随着夕阳落山而转入黑暗和沉寂。生命燃烧的凄美，带一种隐逸的禅意和重生因缘的禅韵，堕入"物之哀"的境遇不得而知。

红叶如晚霞般绚烂的枫林谷，65％的人口是满族人，他们与大自然和谐共存，世代繁衍。这片土地上风味多样、丰富奇特，可以从满族的传统食品开始尝试。年糕饽饽、豆面饽饽、牛舌饼等，每一种面点都像是用心揉搓出的艺术品，香甜可口，令人回味。酸汤子、苏叶干粉条、白肉酸菜血肠等独特的满族传统美食，则让你体验到了原始质朴的味道。一首清末民初时期的乡谣描述了满族饮食的丰富性："南北大炕，高桌摆上。黄米干饭，大油熬汤。髈蹄肘子，切碎端上。四个盘子，先吃血肠。"这种浓郁的生活气息扑鼻而来，身临其境，感受到满族人家的热情豪爽与淳朴民风。

风与树叶在交谈，阳光流淌在叶脉上。飘落的红叶就像一位阳光下的舞者，轻盈地跳动在时间的流转里，留下了无数定格的片段。

直到秋天，叶子才有了太阳的颜色，红叶只是短暂地亮相，便惊艳了整个秋天，使得秋天有了名分……仿佛在醒悟中惊悟，于是，我轻轻抚摸一片一片红叶，像在握秋天的手，想留住秋天。

几乎很少有人知道我写过诗歌。18岁那年，我刚刚开始写作，处女作是一首蹩脚的诗歌，其中很多句子已经忘记了，最后一句我至今记忆犹新：为了一缕缠绵，我染红了所有的枫叶。——其实那个时候，我还没有真正欣赏过红透了的枫叶。

本溪枫叶路

这里是

辽宁

山水

"山海有情　天辽地宁"
文体旅融合出版

扫码云游

『视』觉盛宴

配套视频，
在线博览辽宁魅力

『声』临其境

听有声书，
聆听辽宁古今文化

『图』说辽宁

高清摄影，
带你品鉴辽宁风情

音频、视频等以图书内容为基础，有改动。

在遥远的古代，辽河被称为"辽水"，西汉和东晋称"大辽水"，南北朝至唐代称"辽水"，五代之后称"辽河"。辽，开阔而久远。当然，不同历史时期文献还有很多名字：秦水、潢河、句骊河、巨流河等。在时间这个匿名者中，辽河被一再命名，可名字无论如何改变，这条豪放的河却从来不受扰动，奔流入海，不舍昼夜。

西辽河也有两个源头——老哈河和西拉木伦河。老哈河是西辽河南源，"老哈"来自契丹语，是铁的意思，《魏书》有"乌侯秦水、广袤数百里，淳不流"的记载，到了南北朝，这条河被称为土河，隋唐称托乾臣水、土护真河，《水经注》则称泊狼水，辽代称土河、徒河，元代称涂河，明代称老哈母林，清代才称之为老哈河。西拉木伦河是西辽河北源。"西拉木伦"在蒙古语中是黄色的河的意思。两汉时期称饶乐水，三国西晋时期称乐水，南北朝时期称若洛水，隋代称弱水，唐代连同西辽河称潢水，辽代称潢河，清嘉庆年间才称之为西拉木伦河。两条生命的纽带，在翁牛特旗与奈曼旗交界处交织紧密，联手塑造出弯曲精美的西辽河主流。河水从西南兜向东北，行经平泉市、宁城县、翁牛特旗、奈曼旗以及开鲁县，如同一条细致的丝绢，优雅地挂在广袤的草原和平原大地。

东辽河发源于吉林省东南部的吉林哈达岭西北麓。"为辽河之东源，故曰东辽河"，它向北漫流。东辽河在汉代被称为苏河，三国至隋唐称为杨柳河，明代称为艾河，清代称赫尔苏河。东辽河有大小支流71条，右侧36条、左侧35条，可以划分为三段：二龙山水库以上为上游，二龙山水库坝与长大铁路桥之间为中游，长大铁路桥到三江口铁桥为下游。经辽源市和铁岭市，最终在昌图福德店与西辽河汇合。在我的想象中，全长830公里的西辽河，应该比360公里的东辽河水流量更大，河面更宽阔吧，事实正好相反。而两条河汇合之后，水量也不算太大，安安静静地向南流淌。

站在东西辽河交汇地福德店瞭望台上，可以看到远处的蓝色雕塑，好似溅起的浪花，亦如展翅的天鹅。而从高空俯瞰，两条河流形呈"Y"字形，"Y"字上方是卷莲形状的湿地，仿佛解剖图上女人体内生命的褓褓，顺流而下，缓缓滋润着辽河平原的万事万物。

福德店左侧是昌图县，右侧是康平县。昌图隶属于铁岭，康平隶属于沈阳。康平称康平县山东屯福德店，昌图称昌图县长发乡福德店。说起来，历史上两个县曾为同一治所，都隶属昌图府衙，自古往来密切，那些古渡码头如孟家船口、刘家油坊古渡、泗河汀码头、廖家坨子以及辽金时期就有的牌楼村太平山渡口仍在使用，通江口大桥通车之后，一些小的渡口码头还在摆船。福德店其实是水文站的名字，成立于1950年。在此之前，那里曾是一个叫"福德店"的车马店，也有说是船店。车马店说的是清朝年间，这里有一条古驿道，连接康平、昌图、吉林，这家叫福德店的车马店就在辽河要津处。船店说是清末民初辽河航运发达，辽河口的船坞可直达辽宁、吉林、内蒙古交界的三江口，福德店是辽河岸边的一个船店，船店主人叫孙芝。作为车马店或船店的福德店早已消失在历史烟尘里，隐没在河滩杂草之中。现在的福德店，是辽河国家湿地公园。

民间有种说法，西辽河是雄性的，有阳刚之气，因为孝庄皇后生在西辽河，西辽河可以襄助清朝大业。东辽河是雌性的，因为慈禧太后生在东辽河，东辽河毁坏了清王朝。当然，这只是一种说法而已，不必当真，反正谁都不会采信这种简单枚举法。用一个人对宏大复杂的历史来以偏概全，况且，这个说法的参照系仅仅是一个清朝，拉开时间的尺度，辽河流域不知演绎了多少荣辱得失、兴衰际遇。究竟谁更阳刚谁更阴柔一些，也许不同的历史阶段答案是不同的。还有，一条河流本身，不同的流段和流域里的答案也是不同的，而更多的情况是，河流本身既具有阳刚之气，同时也兼具阴柔

辽河口

之美。

西辽河流域，包括大小凌河流域的辽西地区、滦河流域的河北东部地区，成为"中华文明探源工程"定义的中华文明源头之一，西辽河成为继黄河、长江之后的第三条母亲河。这里散落着新石器不同时期的文化遗址——距今9000年的小河西文化，约8000年的兴隆洼文化，约7000年的赵宝沟文化，约6000年的红山文化，约5000年的小河沿文化，约4000年的夏家店下层文化……在中华文明探源工程中，西辽河是一个不可或缺的坐标。

红山文化是西辽河距今6500—5000年的新石器文化形态，与小河西文化、兴隆洼文化、赵宝沟文化以及后来的小河沿文化、夏家店下层文化等一脉相承，承前启后。1955年，尹达在其专著《中国新石器时代》中，首次提出"红山文化"这一名称。1971年内蒙古翁牛特旗三星他拉村发现的大型玉龙，玉龙全身蜷曲如C形，吻部高昂，高鬃飘举，极富韵律感和曲线美，华夏银行的标志就是那个C形龙。1981年发现了牛河梁遗址，出土了一批具有明确层位关系和组合关系的红山文化玉器，反映出红山先民精神重于物质的思维观念。玉为石之精髓，禀天地之灵气，赋山岳之精华，被赋予崇高的地位。红山文化的玉器已经具备了夏、商、周三代礼器的雏形。迄今为止，西辽河流域发现的考古学材料是最丰富、序列最完整的考古学依据，将中华文明向前推了1000多年，被著名考古学家苏秉琦先生称为"中华文明曙光升起的地方"。

有人说，以龙为标志的红山先民在燕山以北得到充分发展的时候，在中原大地则是以花为标志的仰韶文化庙底沟类型，彩陶上的两种花卉图案：一种是属蔷薇科玫瑰的覆瓦状花冠，另一种是属菊科的合瓣花冠。于是，有了"龙的传人"和"华人"。

红山时期先民的生活也许远比我们想象的要先进和文明，甚至

辽河湿地

自由和奔放，先秦《诗经》等文献都可以看出端倪。问题在于，红山文化的考古挖掘只是冰山一角，可以说，大量的秘密都深藏在地下，随着考古发掘的不断深入，相信会有更多的发现令我们震惊，甚至颠覆我们的认知。就如同当年挖掘牛河梁神庙、祭坛和积石冢，当地的农民怎么都不会想到，他们不喜欢的那片堆积乱石、不适宜庄稼耕种的山地，会成为考古界的重大发现，震惊世界！

查阅资料时，我看到过辽河流域变迁图片，那个俯视图中，河流血管一样蜿蜒着，有动脉、有静脉，还有毛细血管。而更令我震撼的，是河道变迁的痕迹，平原上几乎都曾流淌过河流，如同一个画板上反复勾勒的色彩，涂抹并生成了整个辽河平原。辽河的周期性泛滥可以抹掉大地上太多太多的痕迹，它像一匹不受约束的脱缰的野马，随性而自由地狂奔。当然，约束还是有的，看得见的，看不见的，能想到的，还有想不到的，总之很多。《吕氏春秋·圜道》有云："云气西行，云云然，冬夏不辍；水泉东流，日夜不休……"河流与陆空之间有着密不可分的大气水循环关系，甚至可以说相依为命。考古证实，8000年前的辽河上游并非现在一望无际的大沙漠，而是树木茂盛、水草丰美之地，出土了很多粟、黍、菜籽和核桃果核，还有栎、榆等树的种子，核桃、栎、榆等都是阔叶乔木，说明当时那里温暖潮湿。辽河中游的沼泽地，曾是中华河狸生息的乐园。夏商周时期，辽河流域各民族杂居，从事采集、渔猎和刀耕火种，那里古木参天，穿云蔽日，黛色似海，蔚为壮观。距今约3000年，科尔沁沙地东南边缘的森林有所减少，但老哈河流域的台地，都属林薮所在。东汉末年曹操征讨乌桓，由于树林过于浓密，不得不派先行队伍砍伐树木开道。

有一句耳熟能详的话：三十年河东三十年河西。其实，这句话并不是放之四海而皆准的，起码到了辽河这儿就不适用了。辽河这儿的说法是：十年河东十年河西。辽河岸边的人说得更夸张，三年河东三年河西。因为辽河经常发生水患，三年一小涝，十年一大涝，遇到大一点的河水泛滥期，发水前这个地方在河左岸，发水后就到了河的右岸，十年前在河东，十年后就在河西了。辽河流域就是这样一种特殊的存在，它处于农耕文明、游牧文明和渔猎文明的交汇带，随着自然环境和周边环境的变化，多种文明形态此消彼长。除了大家熟知的辽、金、清三个王朝外，还有东北少数民族建立的多个政权，墨胎氏建立的孤竹国，慕容氏建立的前燕、后燕，濊貊族建立的扶余国，扶余王子建立的高句丽，女真人建立的东夏，等等。辽河如一条历史的回忆带，蜿蜒曲折地展现了汉、匈奴、东胡、乌桓、鲜卑、扶余、契丹、蒙古、女真、满等民族在这片广袤的土地上生息繁衍，各种文化交融碰撞、融合进步，共同塑造着辽河文明的历史面貌，成为中华文明多元一体的一部分。就如同辽河的众多源流，虽然起源各异，但最终都汇聚为一体，投向浩瀚大海的怀抱。

　　在深秋时节的辽河岸边，我感受到了秋深河瘦、落叶寒鸦的肃穆，隐隐约约谛听到沉睡在古河道两岸的金戈铁马、乱云鸣镝的历史回响，我知道，辽河本身就是一部浩瀚的史诗，每一个章节都无比精彩，每一个细节都令人惊叹。走过辽河浮桥时，我不小心湿了鞋面，一股冰凉钻了进来，我觉得河水瞬间区分了过去和未来，同时我觉得，时间其实是难以分割的。

　　有河流必有航运，辽河古代航运主要服务于军事活动，比如三国时期，孙吴发兵由海上航行，经辽河口循大辽河、太子河到达襄平（今辽阳），与公孙渊通好以牵制曹魏。比如明朝初年，朝廷在辽东地区设置了25个卫，驻扎重兵20余万，辽河两岸一片沼泽，陆路交通十分困难，于是就利用辽河水道运输便利，由山东向辽东运送军需粮饷。至清康熙年间，为反击沙俄入侵，清廷采用松辽水陆联

辽河湿地

运的方式，为吉林和黑龙江驻军提供军需供给。一直到道光初年，辽河才大规模开启了民间商船通航。那时山东连年受灾，急需外地接济粮食，同时大量灾民通过海路前往东北，于是，一些福建、浙江和山东的商人便驾船驶进辽河，开展运送粮食和移民的航运业。据记载，道光十年（1830）至二十年间，新民屯相继修建了马厂、老达房、门家湾等码头，辽河航运抵达了盛产粮食的辽沈平原。从此，东北粮米源源不断地经辽河运往山东。仅道光十六年一年，辽河就向山东输出粮米100万石。丰厚的利润，必然激起辽河沿岸其他地区的热情。铁岭县马蓬沟码头于咸丰初年获朝廷批准，1853年正式开埠。1861年建港的营口港是辽河航运的历史新起点。1861年，驶入营口的外轮为33艘，3年后达到302艘，外国船舶的进入，使辽河的商品贸易由区域贸易发展成为国际贸易。1877年，昌图的通江口和开原的英守屯相继开设船埠，随后法库的三面船码头也对外开放。三处码头的建立，进一步增加辽河的航运能力和接纳容量，每年，仅粮食一项就通过辽河输出300万石，而"闯关东"经辽河进入东北的，每年超过30万人。1906年，昌图三江口码头建成开放，辽河航运之兴盛达到了历史顶点，有"拉不败的法库门，填不满的新民屯"之说。当年，码头上樯帆如林，舳舻相接，辽河河面上的各类船只在2万艘以上，从牛庄（营口）到田庄台，再到三江口和郑家屯，700多公里的辽河航运上有码头188个。我查阅了牛庄（营口）海关的资料，仅1885年，进口斜纹布美国102000匹、英国9000匹；进口平布美国187999匹、英国20000匹。事实上，英国人的海关数据尚未统计到经牛庄西海关入港的大量驳船运量，那些由山东、天津等地出发的驳船，从西海关运进糖、丝、宣纸、大米、药、卷烟、夏布等货物，运出的杂货有猪鬃、马鬃、麝香、薏米、蓖麻油、玉石等，当时，拥有国际和国内双向进出口渠道的牛庄已经事实地成为东北区域唯一的国际贸易大港。

现在，内河航运已经被环渤海和黄海的港口取代，"船行如梭，殆有掩江之状"的辽河已复归平静。时间的沙漏已经颠倒了一个个儿，从内河走向了海洋。

我手里有一幅辽河流域古地图，对比一下，渤海的海岸线不断向前推进，推进的速度几乎肉眼可见。商周时期，海岸线在沈阳临近的辽中，到了隋唐时期，沈阳还是一片古沼泽。明朝时，辽宁海城市还在海边，现在是妥妥的内陆城市，如果不是实地考察辽河，无论如何我也想象不出斗转星移和沧海桑田的特定含义。

然而仅20世纪，东、西辽河汇合处就不断向下游移动，改变了3次，向南迁移了42公里。据《清史稿·地理志》记载：东、西辽河汇于三江口，也就是铁岭市昌图县三江口镇。20世纪30年代之前都在这里。1940年出版的《地图》中发现，东、西辽河汇合口已从三江口南移至古榆树镇附近，南移了20公里。第三次是1949年，七八月份阴雨连绵，时间长达40多天，西辽河水顺低洼地带又一次南移22公里，与东辽河在福德店汇流。1949年是中华人民共和国成立的年份，也是东、西辽河在福德店汇合的年份。

辽河历史上的入海口主要在营口，1861年，辽河河道在盘锦六间房附近决堤，河水开始顺着双台子的水汊子入海，到了1897年前后经人工疏浚正式成为辽河入海口之一。这个时候辽河有了两个入海口，一个是接纳了浑河、太子河的营口入海口，一个是盘锦入海口。辽河独立入海是新中国成立后的事情，1958年4月，盘山县将六间房（冷家口）的南口堵塞，自此，辽河自双台子水道入海。浑河和太子河汇合后从营口入海，被称为大辽河。

一方水土养一方人。有人说地球表面70%以上都是水，人体70%以上都是水，同一物种，大西洋的鲸鱼是蓝眼睛，太平洋的鲸

壮美辽河七星湿地

鱼就是黄眼睛，非洲的狒狒是蓝眼睛，亚洲的猴子就是黄眼睛，都是因为水的微量元素不同。为什么北方人的性格直爽，而南方人的性格温婉呢，是因为水里的微量元素不同……遗传基因与氢氧化合物的水有着密切的关系，呈螺旋状的DNA由两根锁链构成，靠氢氧结合才可以形成。人体中60多种化学元素与水中、地壳中的化学元素有着惊人的丰度曲线重合。水是人类内在生命活动赖以进行的基本要素，水的质量决定生命的质量。

经典书籍里有这样的句子："河流都流入大海，大海却没有满；河流从那里来，又回到了那里。但一切是如何发生的，始终是一个谜。"水循环的主要组成部分，即降水、地下流量、河流流量、蒸发、植物蒸腾作用、凝结和冰雪的升华。位于温带半湿润半干旱气候带的辽河流域，降雨主要依赖于冷空气与太平洋暖湿空气交替作用，当这些力量相互碰撞，就会引发强烈的降水，给这片地域带来频繁的挑战。

由于生产生活和过度开发，辽河也曾一度成为全国重点治理的"三江三湖"之一，工业废水、生活污水和农作物药物污染严重。有关资料表明，地球上的淡水总量约14亿立方千米，主要储存在冰川、冰原和地下水含水层。在我们这个星球上，几乎98%都是咸水，不适宜农作物灌溉和人们饮用。对淡水资源的争夺其实就是对生存资源的争夺，而维系水资源平衡的恰恰不是争夺，而是生态保护。辽河生态封育自2011年开始，对辽河以及辽河流域的大小凌河、浑河、太子河等实施退田还河，其中辽河自然封育面积62万公顷，2020年又新增封育面积48万公顷。辽河生态封育是一项浩大的工程，生态保护区的工作人员向我介绍，生态封育花了不少钱，主要是国家拿大头，国家资金占80%，省市政府配套20%。争取到这样的成果，各级政府和两岸人民都倾注了大量心血。一晃10多年过来，辽河两岸都修筑了生态封育大堤，种植一排排柳树和榆树，河道内全面退耕禁牧，辽河治理的前所未有的力度，使千万年河滩地成为历史。辽河大概自己也不会想到，它进入了一个最好的历史时期。

时间本身就是个奇怪的礼物！

我漫步在封育后的辽河护堤上，眼前林木逶迤莽莽，充满绿色的河岸已经弥合了记录中的满目疮痍，河两岸宁静祥和，有如庄子《齐物论》里的句子——天地与我并生，而万物与我为一。我不知不觉有了迷失感，恍若进入到伟大辽河迷宫般的历史册页中。

辽河，已经静静流淌在人们生命体内，不离不弃。

浑河清如许

——浑 河

辽宁省抚顺市的清原县湾甸子镇，山峦连绵起伏的滚马岭上屹立着一座石碑，虽然只有1.5米高、0.65米宽，却沉实坚定，碑上刻着"浑河之源"四个大字。在这块被大自然赋予神秘色彩的土地上，那些潜藏于石缝中的泉水，清澈如镜，从海拔750米高的山顶泻落而下，穿越茂密的森林，冲刷过无数个春夏秋冬，在阳光洒落下银光闪烁。

浑河古名辽水，又叫小辽水，还有沈水、红河、贵端水之称。浑河在唐代以前称为"辽水"或"小辽水"。浑河中上游曾发生过影响中国历史走向的萨尔浒战役，1958年竣工的大伙房水库，使得萨尔浒山变成了三面临水的半岛。浑河蜿蜒穿过"煤都"抚顺、"工业基地"沈阳、"钢都"鞍山、"化纤之城"辽阳，像一条美丽的丝带，贯通辽宁中东部，游走在城市与田野间，见证了无数的历史变迁与时代演进。河水以细语的方式，讲述着生命的坚韧和顽强，诉说着自然的伟大和神秘。流至三岔河与太子河相汇被称为大辽河，于营口市注入渤海。

关于浑河的传说，源自《东三省古迹遗闻》，传说努尔哈赤在逃亡中命部下将马粪置于河中，河水皆浑，明兵追至，见马粪浮上，疑兵马多，遂生惧心，不敢进而退去，后人遂以浑河名之。事实上，"浑河之名，著自辽史"，说明在辽时就有了浑河之名，民间所谓的

沈阳浑河

马粪浑水之说显然谬误。

浑河水之浑，概因其河床泥沙松软，易受山洪暴雨冲刷，加之下游河道弯曲，泥浆瘀滞，河水便浑浊不清了。浑河流经沈阳境内的河段叫"沈水"，源自辽太祖在侯城故地重修的土城"沈州"，而"沈水"之"沈"，古字与"沉"通假，亦有"浑"之意。据考证，沈阳位于沈水之北，故名沈阳。浑河进入沈阳后多次改道，最早的河道在二台子、昭陵、新乐遗址、塔湾南一线。7200 年前，新乐人畔河而居，刀耕火种，捕鱼狩猎。从地名中就可以看出端倪，盛京八景中的"塔湾夕照"，这个"湾"，说的就是浑河流经此处形成的河湾，而坐落在浑河边的13层密檐八角形砖塔，便是为了"宝塔镇河妖"。辽金时期浑河改道五里河，经东塔、小河沿、万柳塘、青年公园、南湖公园、罗士圈西流。浑河再次改道，大概在元代元贞二年（1296）之前。1443 年修编的《辽东志》里所标绘的浑河主道与今大致相同，表明浑河最晚在修志前已经改道。清代诗人戴梓描述的"暮山衔落日，野色动高秋。鸟下空林外，人来古渡头。微风飘短发，纤月傍轻舟。十里城南望，钟声咽戍楼"，以及顾太清的"群山万壑引长风，透林皋、晓日玲珑。楼外绿阴深，凭栏指点偏东。浑河水、一线如虹"，描绘的正是改道后的城南浑河。浑河是辽宁省第二大河，全长415公里，在沈阳境内流长132公里，河面宽度平均400米，最宽处约1公里，激情饱满，浩浩汤汤。

"一朝发祥地、两代帝王都"。沈阳建城于战国末年，燕昭王派遣大将秦开，在辽东郡北部浑河中段建侯城，侯城前后存续500余年，至东汉末年遭战火焚毁。汉武帝时建玄菟郡，玄菟郡经多次迁移，后来迁到浑河岸边的上伯官村古城遗址。辽太祖耶律阿保机在侯城废墟上重建城池，命名"沈州"。到了后金时期，努尔哈赤迁都沈阳，皇太极在沈阳建立大清王朝，年号崇德。

胜利大桥

长青桥

浑河这条流淌着岁月的河流如同一层薄薄的纱帘，轻柔地环绕着古老而充满活力的沈阳城。它是那样的安静和平淡，那样的低调而含蓄，仿佛在默默地诉说着一段无声的历史。清朝末年建立的奉天机器局，开创了沈阳近代民族工业之先河，民国初年建立的奉天大亨铁工厂，是当时规模最大的民族工业，东三省兵工厂是先进的近代兵器制造厂之一，肇新窑业公司是中国第一家机器制陶公司……新中国成立后，这条豪情壮志的浑河伴随着沈阳走过了激情燃烧的岁月，孕育了中国第一台车床、第一架喷气式飞机、第一台18马力蒸汽拖拉机等数以百计的共和国工业"第一"，个个有如耀眼的明珠，见证着沈阳这个工业基地的繁荣和发展。然而，随着工业化和城市化周期性变化，抚顺煤矿资源枯竭了，沈阳铁西重工业衰落了，河水一度被污染笼罩，曾被文人墨客用诗篇赞美过的浑河，笑容变得黯淡。

　　生命力顽强的浑河是不会服输的，生活在两岸的人们是不会服输的，老工业基地振兴的潮涌一浪高过一浪，与此同时，一场前所未有的环境治理也轰轰烈烈地展开。不知不觉间，人们惊奇地发现，浑河发生了巨大的变化，它是什么时候变的呢？

　　其实，浑河一直在和命运掰手腕，直到命运认输。

　　一个有意思的想象是，沈阳的街和路很多以江河山岳命名。南北向叫街，以江河命名，如长江街、黄河大街、淮河街、怒江街、珠江街、黑龙江街、鸭绿江街等；东西向叫路，以山命名，如泰山路、华山路、天山路、昆山路、白山路、崇山路、宁山路等。体现了与大自然的某种暗合，尤其是近三十年，这条原名沈水的浑河已经由绕城河逐渐转变为城市内河，它不再是沈阳的"护城河"，而是城中河，省博物馆、省图书馆、省科技馆、省档案馆、沈阳奥体中心、盛京大剧院、新世界博览馆等大型公共文体设施沿浑河带集聚，

"一河两岸"的城市形象已经呈现。

漫步于浑河步道，可以看见清澈的河水映照着深蓝的天空，绿草如茵的河边公园，傍晚市民三三两两徜徉在河边的树荫下，那些曾经的灰色记忆已被工业与生态治理的蜕变洗涤得干净明亮。这只是沈阳城市从"灰转绿"的众多样本之一。

2023年初春，当寒冬刚刚过去，大地开始复苏，生机正在萌发，数十只羽毛如琥珀般熠熠生辉的秋沙鸭在浑河的水面上悠然自得地游弋，仿佛在表演一场秀美的水上芭蕾。"生态环境指标性物种"中华秋沙鸭，对水质和生态环境的要求极高。因此，它们的出现无疑是对浑河生态改善的最好证明。浑河水是清的，不是浑的！

候鸟在浑河上空盘旋，树木在河边摇曳生姿，水流在其间静静流淌，展现出的是一幅美丽、诗意的画卷。浑河的新风貌，是大自然与人类精神的结合，是一个生态和文明共生的象征。随着每一次日出与日落，浑河都在向人们展示其无尽的魅力。

浑河的独特韵味在于，每一道水波都在演绎着生命的顽强与不屈。

大城夜色

往事越千年

——太子河

　　风萧萧兮易水寒，壮士一去兮不复还。燕太子丹派荆轲去刺杀秦王的故事家喻户晓，可太子丹自己绝对想不到，在东北辽河平原，居然有一条河叫"太子河"。

　　太子河古称衍水，《史记》载太子丹"匿衍水中"。汉代称太子河为大梁水，辽时为东梁水，《汉书·地理志》说"大梁水西南至辽阳入辽"。三国吴陆玑《毛诗草木鸟兽虫鱼疏》记录："辽东梁水鲂，特肥而厚……'居就粮，梁水鲂'。"鲂鱼即细鳞鱼，是餐桌上难得的珍品，如今更是不多见了。金朝称太子河为兀鲁忽必刺沙，满语是芦苇河的意思，明朝始称太子河，清时称太资河。太子河与浑河相伴合流，《水经注》说"（小辽）水（今浑河）出辽山，西南流径辽阳县与大梁水会"。太子河和浑河在海城市三岔口汇合后称为大辽河，以浑河为源，全长509公里，以太子河为源，全长507公里，这两条河仿佛幼发拉底河和底格里斯河，长度都差不多，难分伯仲。

　　公元前228年，秦王嬴政发兵攻燕，燕太子丹率领残军退保辽东，在衍水积聚力量，然而，在秦军强大的压力下，燕王喜为求保全，竟做出了杀害自己儿子太子丹的决定。这一悲剧性事件，深深刻在衍水的记忆里，而人们为了纪念那个英勇的公子，便将衍水尊称为太子河。明代韩承训诗云："燕丹昔日避秦兵，衍水今传太子名。渠口远从干涧出，头边近倚一川平。斯干自入维熊颂，如带应同白马盟。向晚渡前争利涉，隔林烟雨棹歌行。"然而，一份《金史·地理志》资料显示，辽时期太子河的正式名称其实为东梁河，"太子河"只是民间习用的别名，也就是说，"太子河"并非由于太子丹命名，而是源自民间对于"大河"的简易称谓。名字考证的意义关键在于接纳，事实上，人们也许更愿意接受前者而不是后者。

在历史演进的剧情中，这条河成了历史、地理、人文的交汇点。

太子河畔的庙后山南坡隐藏着一个珍贵的秘密。在这里，人们发现了我国旧石器文化遗址中最东北的一个。这个遗址是一个13.5米厚的奥陶纪石灰岩地层洞穴堆积，内部蕴藏着8层丰富的文物和化石。其中包括14件人类文化遗物和74种古代动物化石，还有两枚人牙和一段幼儿股骨化石。经过考证，庙后山人类起源于40万年前，他们是目前已知的东北地区最古老的人类。

工匠的火花点燃了青铜时代，太子河流域的文明开始繁荣。在本溪县南甸镇马城子村，考古工作者在145座洞穴墓葬中，发掘出1523件文物。这些墓葬和文物蕴含着丰富的文化内涵和鲜明的地区特色，让人们窥见了夏商时期青铜文化的繁荣景象。

太子河流域是东北地区不可多得的古代文明发源地之一。清之前，河边的辽阳一直是东北第一城，拥有2000多年的历史。战国时是燕国辽东郡的治所，汉代置襄平城为辽东郡郡治；西晋初年，襄平改为平州治。东晋时期，先后被前燕、前秦、后燕、高句丽等东北地方民族政权占据。唐代为辽城州治所，一度成为安东都护府府治。辽、金时期，设东京辽阳府。元代为辽阳行省驻地。明时在辽阳城设都指挥使司，统辖整个辽东。清前后金曾迁都辽阳，后设辽

雁游太子河

阳州。在这个故事里，太子河既是舞台，也是主角，它讲述的是文化与历史、英雄与平民不断交织、碰撞的故事。

黎明的曙光点亮了古老的太子河，那金色的阳光洒在悠悠流淌的河面上，如同一首诗，回响在河两岸。想象一下这条河穿越千年的景象，寂静的黎明，天边刚刚泛起微光，河面上空荡荡的，只有早起捕鱼人偶尔扬起的网打破了宁静的气氛。午后的阳光斜照在河面上，金黄色的光芒在水面闪烁，让平静的河流显得生动而不再沉闷。夜幕降临，河面静谧，月光洒在水面上，如同银色的绸缎一般，迷人而神秘。

随着社会文明的进步和科技的发展，太子河的角色开始悄然转变。关门山水库的修建和太子河干流大型水利枢纽工程——观音阁水库的完工，不仅实现了科学合理地利用水利资源，推动本溪经济腾飞，同时也满足了人们日常生活的用水需求。1958年至1976年，汤河和葠窝相继修建了两座壮丽的水库。这些水库宛如空谷中的巨擘，截断了汹涌澎湃的太子河水流，阳光洒落在葠窝水库重力混凝土大坝上，创造出一幅令人惊叹的画面：水从排水廊道形成的水帘飘洒而下，仿佛素色白纱，在阳光的照耀下闪耀生辉。

自源头而下，一个叫江官屯的地方挽留了我的脚步。这个被笔误为江官屯的小村庄，曾经是辽金时代东北的"景德镇"，大名鼎鼎的江官窑。顺流而下的太子河水被山势阻挡，连续回弯，形成了大河湾，江官屯就居于三面环水的河湾之中，一边是连绵起伏的群山，一边是奔流不息的太子河，东南处与5世纪初的燕州城——白岩古城遥遥相望。据考证，官窑兴起于辽代，兴盛于金代，废于元代，"星火燎天三百年"。太子河与官窑相依为伴，窑因水而兴，水因窑而名，自元代被毁，元、明、清三朝又沉寂了近1000年。

太子河水鸭

本溪太子河

在遗址周边的土堆、沟壑和田地里，随处可以找到残破的瓷片，运气好呢，不小心还会踢出一些完整的陶瓷器——陶瓷罐、瓶、盏、碗、动物俑、人俑，甚至还有埙和围棋子；瓷器主要以白釉瓷为主，勾勒着特征鲜明的铁锈花，也有白地釉下绘划花，还有剔花。用化妆土是江官屯陶瓷的基本特征。我问什么是化妆土，工作人员介绍：化妆土好像女人化妆用的脂粉，现在称为粉底，当年古人在制胎完成时又涂上了一层"脂粉"，主要是美化瓷器。后来我查了资料，知道化妆土还有别的叫法，比如"陶衣""装饰土"等，颜色也不全是白的，不过，我还是觉得化妆土通俗易懂。江官屯陶瓷并没有只顾自我修行，还不断地学习借鉴，在造型、制瓷技艺和形制上出现了兔毫釉和明显的定窑、磁州窑特征，大概与"尽驱人民入蕃"有关。辽太祖至世宗时期，辽国对中原进行多次掠夺，攻占燕云十六州之后，将定窑、磁州窑等大批窑工掠入辽境，文化的交往、交流和交融得以加强。

辽阳白塔是辽阳古城的象征，被称为东北第一高塔，塔高近71米，距今已有800多年历史。辽阳白塔为八角十三层实心密檐式舍利砖塔，砖雕栩栩如生、雄浑古朴，筑塔的槽沟、滴水的麦叶纹是典型的辽代风格特征，为国家级重点文物保护单位。相距不远还有曹雪芹纪念馆和王尔烈纪念馆。曹雪芹纪念馆是继北京、南京之后在东北建造的纪念馆，以《红楼梦》作者曹雪芹祖籍在辽阳为主题，著名红学专家冯其庸题写馆名，馆内曹雪芹坐式塑像栩栩如生。王尔烈故居坐落在古城西门里"翰林府"，纪念编修过《四库全书》的"关东第一才子"王尔烈，其人品、官德、才艺得以全面展示。漫步中华广场上，隐约可以听到古塔神秘的风铃声，佛塔无风铎自鸣，那一刻，仿佛与那些曾经生活的人们，产生一种超越时空的连接。

太子河畔的美景变幻无穷，每一次的流转都展现出不同的魅力。碧波荡漾的太子河两岸或万紫千红，或绿荫匝地，或枫红满江，或白雪皑皑——时间是个匿名者，它只是把大自然幻化成应该有的模样，春天成为春天，夏天成为夏天，秋天成为秋天，冬天成为冬天——四季分明!

太子河湿地

白毛浮绿水

——鸭绿江

  有一幅拍摄于20世纪30年代的老照片，名叫《漂在鸭绿江上的街道》。照片里的江面布满了木排，木排上盖了一些被称为"花棚"的板房，据说作品发表后引起了轰动。当时鸭绿江放排十分有名，每年5月至10月，木排从上游顺流而下，最多一次达10余万张，排排相连，日行夜宿，浩浩荡荡，汇集到了"木都"安东，木排铺展10余里江面，蔚为壮观。

  放排十分危险，遇到急流险滩，随时可能撞上石砬子，排散人亡，放排人把那些"鬼门关"称之为"哨"。当年流行一个顺口溜："纺花车，老虎哨，妈妈哭，孩子叫。"我在江边的老虎哨听过一个故事，一个闯关东的小伙子答应新婚妻子要赚很多钱，让她过上好日子，然而辛苦了一年，他赚的钱并没有达到预期，所以没回老家，又上山了。第二年虽然赚到了钱，由于伤病花费较大，他仍旧无颜面回老家。第三年开春，他已经当了"木把"，带领弟兄们祭奠谢老鸹，传说谢老鸹也是山东人，在长白山放木排淹死了，变成一只"水老鸹"，在江上飞来飞去给大家指引方向。祭奠结束，接着"启航"，红松、白松、落叶松、赤柏松、油松等扎好的木排开始了漫长的漂流，从高处望去，如同巨大的孔雀开屏，十分壮观。木排穿过激流险滩，然而到了老虎哨，那木排却神秘地消失在大雾之中。小伙子的媳妇没找到丈夫的尸体，她坚信自己的丈夫还活着。她来到老虎哨谋生，每天都站在岸边向江面遥望，一直到满头白发……早些年，鸭绿江居民有放灯的习俗，放排遇难的木把家属在阴历七月十五，扎纸船，上面点个蜡烛，放到江中随水漂流，悼念亡人。

我知道鸭绿江放排被列入非物质文化遗产，不知道上面这些是否也成为其中的内容。

事实上，鸭绿江航道古已有之。西周之初，鸭绿江就成为古肃慎人朝贡楛矢石砮通道；唐开元年间，特使鸿胪卿崔忻，受命出使渤海国宣谕大祚荣，所走的也是鸭绿江航道；大明后期，长白山下的佟佳氏北出鸭绿江，追随努尔哈赤建立后金，一个家族、一个王朝和一条大江的名字连在一起。

鸭绿江发源于长白山南麓，是中朝两国界河。秦、汉时期鸭绿江被称为马訾水，隋、唐时期称之鸭绿水，辽、金时期称为鸭淥江，元代起才被叫成鸭绿江。鸭绿江因其清澈的碧绿水色而得名，它的颜色如同雄鸭脖颈上的莹绿羽毛，鲜艳夺目。关于鸭绿江名称的来历，有两种说法：一种认为来自满语译音，即"边界之江"之意；另一种则源于上游的鸭江和绿江，两条支流汇合而成。不管是哪种传说，都无法完全揭示鸭绿江那独特的魅力。鸭绿江是长白山最早的"黄金水道"，唐代开始就已成为东北地区连接中原内地最重要的政治、军事、经济、文化的水路大通道，古称"鸭绿道"。

沿鸭绿江分布的断裂带是辽宁省东部规模较大的断裂带，晚三叠世至侏罗纪时期，鸭绿江断裂带表现为挤压走滑特点，晚白垩世至第四纪时期，鸭绿江断裂带又进入强烈的活动阶段，引起火山活动，在南西段江口村一带、临江至两江广大地区形成诸多富含深源包体的碱性玄武岩。特殊的地理环境造就了它婀娜的身姿，鸭绿江两岸，山峦叠翠，水色碧绿，富饶而神秘。太阳升起，江面上映射出的阳光如同被抖成的碎片，熠熠闪耀，就像调色板上的油彩，五

鸭绿江

彩斑斓却又凝重安详，鸭绿江之美让人无法抵御。

鸭绿江的气候凉爽湿润，生态环境良好，林木繁茂。沿岸分布着红松、枫、桦等针阔叶混交林，下游则多柞林。这些森林为野生动物提供了丰富的食物和安全的栖息地，也赋予鸭绿江无穷的生命力。在这片丰饶的土地上，野猪、狼、豹、熊和狐狸自由穿梭，雷鸟、雉鸡等鸟类在天空中翱翔。河中的鲤鱼和鳗鱼成群结队，构成了这里丰富的自然生态。

鸭绿江口湿地国家级自然保护区是生命之海，诸多珍稀动植物的庇护所，生物多样性的伊甸园。每当春天降临，白毛浮绿水，数万只候鸟在此比翼齐飞，寻找栖息之地。它们在觅食、嬉戏、繁殖，在时光中留下了美丽的羽毛和此起彼伏的鸣叫，不间断地演绎着大自然的交响曲，诠释着生命的坚韧与奇迹。

过去，现在，未来，三个时间维度交错在丹东这座古老而新兴的城市。距离市内12公里是鸭绿江国家级重点风景名胜区的核心景区，那里可以看到明万里长城东端起点——虎山长城、中朝边境的"一步跨"、古道遗址等。站在丹东市的观景台上，可以看到鸭绿江的壮阔景象，一面青山如黛，碧水荡漾；一面城市喧嚣，灯火辉煌。阳光穿透云层，倾洒在断桥之上，把它镀上金色的光辉。风吹过江面，吹皱阵阵涟漪，仿佛低语着这座断桥的故事。

很多人并不知道，鸭绿江上不止一座断桥，而是三座：鸭绿江断桥、河口断桥和木制铁路桥。始建于1909年的鸭绿江大桥是鸭绿江上的第一座桥，被称为鸭绿江断桥。抗美援朝期间，美军为切断我方供给线，1950年11月8日炸断此桥，只剩下残留在中国一侧的"断桥"。如今，鸭绿江断桥已成为丹东市的旅游景点和爱国主义教育基地。另一个是河口断桥，此桥原名清城桥，是连接鸭绿江两岸的一座公路桥，1941年建造。中国人民志愿军司令员彭德怀曾于

鸭绿江大转弯

鸭绿江断桥

1950年10月19日，乘坐吉普车从这座桥奔赴朝鲜战场。为了阻止志愿军入朝，1951年3月29日，美军出动轰炸机将清城桥炸断。木制铁路桥在鸭绿江大桥上游5公里处，是1950年冬修建的一座木制简易铁路桥，大批的军用物资从这里源源不断地送往抗美援朝前线。后被美军发现，派出飞机炸毁，如今只剩几根木制桥墩矗立在鸭绿江中。江水无言，断桥静默，带着江风，带着历史的烟尘，它仿佛是一本开放的历史书，是一位深情的故事讲述者，向人们诉说：断桥不仅是一座桥，它是一个城市的灵魂，更是一个时代的记忆，一个民族坚强不屈的精神风貌。

鸭绿江作为一条国际界河，承载着两国人民的深厚情感，也见证了他们之间的友谊不断深化。它让我们看到了自然与历史的恩赐，也让我们思索人类与大自然的和谐共处之道。在这片神秘而美丽的土地上，鸭绿江如一条绿色的带子，将我们紧紧联结在一起。

鸭绿江留给我的印象不仅是美，还有浓浓的情愫，如同明代辛应时写的送别诗："鸭绿江头送棹声，东风吹泪若为情。人间离别伤今日，天上音容隔此生。"

每一次走近鸭绿江，本想有所牵挂而来，无所牵挂而去，到头来，心里还是注满了牵挂。

鸭绿江断桥

鸭绿江断桥

生命澎湃的浪花

——凌　河

清代鄂容安先生渡大凌河时诗曰："晴山迢递去茫茫，秋草平沙古战场。一日拓疆穷海上，百年归马在山阳。"

大凌河是辽西的大河。在漫长的历史演变中，曾用名渝水、大凌河龙川、白狼水、灵河、凌河。它从龙盘虎踞、群峦叠嶂的上游，翻山越岭，接纳了牤牛河、老虎山河、细河等之后，连绵逶迤，千弯百曲，盘溪绕涧，画出优美且漫长的抛物线。它走乡镇过区市，穿过辽河三角洲，投入蔚蓝色的渤海湾。

小凌河，与大凌河相对，发源于朝阳县松岭安喀喇山。蒙古语称"明安河"，古名"唐就水"，隋唐时则为"彭卢水"，辽称"小灵河"，元代改"灵"为"凌"，"小凌河"亦称"凌川"，折曲回环，在锦州市太和区注入渤海。

倘若你跟随大凌河的步伐，会看到它有北、西、南三源。从北面的凌源市热水汤以及南部的建昌县要路沟发源，它们在大城子附近汇合，柔和的流水在努鲁儿虎山和松岭之间的壮丽纵谷中流淌。在松岭、黑山和医巫闾山的环抱下，大凌河和小凌河构成了一个封闭的流域空间，虽然有山脉的阻隔，但两者犹如姐妹般互相依存。大小凌河与老哈河、西拉木伦河共同孕育了博大精深的红山文化、三燕文化和辽文化。

随着凌河穿越壮丽的山川，你的视线会被各种丰富的物产所吸引。凌河仿佛是一本流动的历史书卷，散发着古香古色的韵味。它是东北最为古老和最负盛誉的水系之一，流域内建昌县发现了世界上最早的赫氏近鸟龙化石和最古老真兽类哺乳动物中华侏罗兽化石。凌河流到喀喇沁左翼蒙古族自治县水泉乡，借着山势绕过一个大大的S湾，形成了宽约1公里、长3公里的"凌河第一湾"，那里有典型的喀斯特地貌景观和草本沼泽型湿地。10万年前，"鸽子洞人"就在此休养生息。鸽子洞是一处旧石器时代文化遗址。20世纪70年代考古工作者在该洞穴发掘出一批石制品、动物化石，发现了用火的痕迹。

这两条河流漫过的土地肥沃且雨量充沛，自然资源丰富，人文景观繁多。早期龙文化的查海遗迹、第一个发现与女性崇拜有关遗迹遗物的东山嘴遗址、中华6000年文明序幕的牛河梁女神庙遗址、神秘的玉龙红山文化等无数璀璨的历史文化遗产，都在这里被发现。它们如同一串串历史的珠宝，镶嵌于大凌河和小凌河的两岸。

凌河古道，曾经是古代东北与中原交通的关键节点，见证了诸多历史事件的发生，包括齐国北伐山戎、曹魏征讨乌桓、前燕入主中原、北齐攻打契丹、隋唐平定高句丽等。这些历史事件都以大凌河谷为行军的主道，因此，大凌河也被清代朝阳诗人沈芝先生赞誉为东北的"黄河"。对古代部族而言，它既是一条东北和东北亚通向中原地区的交通要道，又是一条各民族交往、交流、交融的文化通道。

在这片繁茂而生动的景象中，曲折穿梭的大小凌河，如同流淌的生命线，泛着银色的光泽，在山峦沟壑中闪耀，映衬着蓝色的天空，给人一种时间和历史交织的深邃感。历史的车轮不断滚动，这片丰饶的土地也经历了重大的变迁。从古至今，凌河流域一直是多个民族冲突融合的战略要地，从汉、山戎、孤竹、东胡、鲜卑、契丹、女真、蒙古到满洲，他们的历史足迹深深地烙印在这片土地上。

凌河

历史上，中国东北地区各民族的形成及一系列重大历史变迁，都与大凌河和小凌河有着密切的关联。当我们目视着这激越的水流，仿佛能听见战国至秦朝统一六国时期燕人的呐喊。那个时代，这片土地属于燕国，充满了燕人的活力与智慧，他们在这片土地上建立了辽西郡，承载着开拓东方的希望和理想。

　　群山之上，连绵起伏的汉长城与燕长城并行，俯瞰着大凌河和小凌河，那里曾经繁荣过汉代的农田、集市、工坊、衙门和校场，留下许多文化遗存和遗物，那些历经沧桑的遗物，富有历史的厚重和艺术的韵味，汉文明在这片神奇的土地上繁茂生长。

　　漫长的岁月中，大凌河和小凌河流域变得更加多元。在遥远的三国时期，乌桓人在此建立了自己的政权，为这片土地增添了地域色彩。历经历史的洗礼，大凌河和小凌河流域的领土由鲜卑人控制，朝阳市荣耀地成为龙城——三燕的都城，三燕政权的中心。

　　岁月如歌，随着隋唐势力进驻辽西，高句丽的西进被阻止。五代十国后契丹人崛起，大凌河和小凌河流域成为契丹人的重要领地。契丹人的建筑和佛教文化在这里留下深刻的印记，比如大凌河流域的奉国寺、昭忠寺、广济寺等，它们都是这个时期文化的象征。

　　整个大凌河和小凌河流域，无论是秀美的山川还是屹立的古塔和古寺，都昭示着这个地区丰富的历史和文化。朝阳市的22处古塔遗址和现存的佑顺寺、惠宁寺、万祥寺、天成观、玉清宫等古代寺庙，构筑了一幅生动的历史画卷。

　　辽、金、元、明、清各个朝代都在大凌河和小凌河流域留下了城市，如朝阳、阜新、义县、兴城等。在这些古老的城市附近，出土的文物总量约占辽宁省的三分之二。这些珍贵文物实证了大凌河和小凌河流域与东北文明衍生的关系。

　　随着气候变迁和人口密度的增大，以及植被环境的改变，大凌

夕照凌河

河和小凌河流域也面临着由湿润型向干旱型转变的挑战，尤其明清时期开始，大凌河流域被无止境地开垦，原有的生态平衡被打破，动植物日渐稀少，森林覆盖面积急剧缩小。特别是上游地区的土壤侵蚀严重，风沙肆虐，雨季的降临使情况更加恶化，大量表土被冲刷入河，使得河水的含沙量大大增加，成为东北地区含沙量最多的河流之一。

辽西是辽宁降水量最少的地区，并且，降水期过于集中，盼的时候不见滴雨，来的时候急雨如骤，大小凌河瞬间泛起激越的生命浪花。

尽管经历了诸多变迁，但凌河依旧流淌不息，当你静静地倾听它的声音，会发现，每一个波澜、每一阵涟漪，都在诉说着这片土地的故事，关于历史、关于生命，更重要的是，关于我们如何尊重自然、保护环境，只有这样，才能使凌河的未来更加辉煌。

如今，锦州、阜新、朝阳三市坐落于大凌河流域上，它们继续扮演着连接辽沈与京津唐地区的重要角色，环山面海的地理位置让这片土地成了一个独特的流域文明中心。走在大凌河与小凌河流域，有种被悠久的历史记忆和丰富的文化遗产所包围的强烈感觉，它所承载的是一部独立且无比灿烂的历史文化编年史，这些文化遗存仍在持续，历史的生命线从未断裂。

或者这样说，凌河一直在与时间对视，直到时间感到羞涩，目光躲闪。

盛开千朵芙蓉

——千 山

　　我听到过一种说法，山东半岛与千山在一条余脉上，山脉向南蜿蜒，峦岭起伏，自旅顺铁山潜入海中，海中的岛屿，都是山脊露出的地方。进入山东半岛，便与山东烟台的福山、丹崖山相连，行西南800余里，聚结于泰山。我查过有关资料，有意思的是，认为山东泰山是东北长白山余脉的竟然是清朝康熙皇帝，并著有《泰山山脉自长白山来》一文，言之凿凿地告诉大家为什么泰山是长白山余脉。可惜，我并没有找到其他科学考证文献。

　　千山位于鞍山市东南，距城17公里，总面积72平方公里。千山因山峰近千故名，还有积翠山、千顶山、千华山、千朵莲花山等称谓。千山由近千座状似莲花的奇峰组成，主峰高708.3米，自然风光十分秀丽，有无峰不奇、无石不峭、无庙不古、无处不幽之美誉。清代诗人姚元之赞曰："欲向青天数花朵，九百九十九芙蓉。"而高塞的诗更具优雅气息："七岭行初尽，千岩宿雾开。路回青嶂底，寺入白云隈。洞口闻清籁，碑文暗绿苔。莲花天际出，顿觉绝尘埃。"

　　千山北接长白山，南临渤海。群峰连绵起伏，逾乎千计，每一座山峰都像是一个精心雕琢的玉件，闪耀着独特的光芒，无一不显得陡峭而奇特。而山谷中，则是寂静而古老的佛庙，亦如同千年岁月的默默守望者。

　　千山历史悠久，北魏就有了佛教的印记。辽金时代，著名"五

千山

大禅林"——香岩寺、大安寺、祖越寺、中会寺、龙泉寺等佛教古建筑群已经形成。明清之后，道教进入鼎盛时期，八观、九宫、十二茅庵等"楼观"纷纷出现。千山东南是千山第一峰仙人台，相传有仙人乘鹤飞来，在第一峰上对弈。登上仙人台，可以看到峰上的八仙石像和石制棋盘。

沿着蜿蜒曲折的山路前行，无数洞、塔、亭、碑等陆续展现在眼前，30余处的寺庙、观、宫、庵，分布在峰峦之间，或隐秘于群山环抱之中，或高耸于险峰之上，用古老的石质结构与周围的自然风光相互辉映，既体现人类智慧的结晶，又拥有以自然为主导的旅游胜地和人间胜境。不远处的千山大佛，是千山风景区中最为奇特的"峰"。这是一尊巨大的弥勒石佛依山而坐，高70米，宽46米，神态栩栩如生。阳光下的大佛，神情安详，以庄重的姿态默默守望着四季更迭，日月交替。

我曾两次登上千山，一次是20年前的冬天，一次是去年秋天。秋天，千山化身为一个巨大的调色盘，漫山遍野皆是金黄和红色，与蔚蓝的天空交相辉映，构成了一幅浓墨重彩的油画。每一片叶子都变成了艳丽的颜料，点缀在山间，如同印象派艺术家的作品。我沿着红叶飘落的小径前行，脚下被柔软的叶子覆盖，仿佛步入了一个梦幻般的仙境。微风吹拂，红叶随风飞舞，像是一场华美的舞蹈，让人陶醉其中。

在香岩寺的雪庵墓塔碑前，我被雪庵老祖的传说吸引，还专门北行1公里拜谒了"雪庵洞府"摩崖。相传元朝时，千山脚下勾家寨中住着一户金姓人家，金家有个勤劳厚道的小伙子叫柱儿，20岁时就娶了俊俏贤惠的姑娘雪花。结婚刚3个月，柱儿被朝廷征兵，送别时雪花对柱儿说："不管你去多久我都等你。"不想，两人一别就是20年。死里逃生的柱儿回到家乡，正是夜深人静，借着月光往

千山木鱼庵秋色

屋里看，见炕上睡着两个人。柱儿以为雪花改嫁了，怒火上冲，但很快他就原谅了雪花，自己离家20年，杳无音信，叫她一个人怎么生活？想想自己九死一生盼着夫妻团聚，如今却落个无家可归，觉得尘世上再无牵挂，便直奔千山深处香岩寺，削发当了和尚。第二天，雪花在大门上见到一个包裹，认出是丈夫当年带走的东西，唯独不见丈夫的身影，雪花到处打听，才知道丈夫出了家。消息如霹雳一般，令她肝肠寸断，她丢下相依为命的女儿寻了短见。知道雪花去世的柱儿伤心欲绝，自此隐姓埋名，远走他乡，据说，他先后到过长白山、医巫闾山，僧号雪庵。多年后，他又返回香岩寺，打坐在一块名叫"炼魔石"的巨石上，不吃不睡，并在此圆寂。人称雪庵老祖。

千山山楂和南果梨远近闻名。当我品尝到山楂的滋味时，仿佛整个世界都静默下来，只剩下我和那酸甜的果实交织在一起。山楂的酸在口中蔓延开来，如同清晨的露珠滴落而触碰神经末梢，唤醒了内心深处对美好的渴望。这些小而鲜艳的果实，因其高营养价值和医疗效果，被誉为"长寿食品"，每一口山楂，都是对健康的滋养和呵护，让人感受到大自然的慈爱和智慧。南果梨因产于鞍山，于是它还有一个"鞍果"名字。鞍山市大孤山镇上对桩石村的南果梨树，是这个物种最早的记录来源。清光绪二十年（1894）仲秋的某一天，一位名叫高永庆的老人在北坡闻到一股奇香，寻香味找去，他发现一棵结满果实的梨树，捡起地上的一只梨子品尝，顿时感到满口香甜，沁入心肺。为了找到这个梨子品种，高永庆托女婿把梨子带到辽阳，让南来北往的客人们辨认。客人对梨子赞不绝口，称赞这个品种具南方诸果之长，于是，给这个梨子定名为南果梨。看着一株株南果梨树在阳光下闪闪发光，我想象着首次品尝这种果实的人们的喜悦，当他们咬下第一口时，果肉的鲜甜与多汁如同泉涌

千山

般在口中流淌，仿佛与这片神奇的土地融为了一体。

味道是时间的流转，是一种生活方式。山楂和南果梨是大自然给予人类的礼物，在品味美食的同时，也品味自己的存在，与大自然共舞，与时间共鸣。

20年前冬天登千山，除了照片上自己模样有些变化外，记忆仿佛如昨天般清晰。隆冬时节，雪花纷飞，千山披上银装，走进白雪的世界，发现每一株树、每一个角落都被白雪覆盖，素裹银装，就像是一位优雅的白衣舞者，感受着大自然的宁静与纯净。树枝上挂满了晶莹剔透的冰挂，闪烁着太阳的光芒，如同钻石般闪耀。我停下脚步，聆听雪花飞舞的声音。回来之后，我将自己的书房命名为"听雪庵"，后来多次登千山，领悟更多，并将"听雪庵"改为"源一斋"。

千山峰顶有一处撅起的巨石，西南北三面均为峭壁深渊的鹅头峰，便是千山风景区的最高峰——仙人台，站在千峰之顶，视野开阔，大有"一览众山小"之感。放眼望去，古松随风挥舞，怪石云中嶙峋，积雪在阳光下闪着耀眼的光芒，奇峰峻岭似乎与天空遥相呼应。

在这千山之巅，我感到了生命的奇迹和自然的伟大。闭上眼睛，让风吹过我的脸庞，仿佛能听到大地的呼吸，回首望去，整个山脉都被雪覆盖，宛如一个童话世界。寒冷的空气让我眼前的景色变得清晰而深邃。

我不禁想起一诗句：青山原不老，为雪白头。

倚天万仞向天东

——医巫闾山

　　医巫闾山是个神秘的地方，这里曾经是虞舜封的全国十二大名山之一，也是中华五岳五镇的北方镇山。走进山林，便会被那份厚重而崇高的历史气息所包围。医巫闾山与千山、长白山齐名，有文献记载，其位列东北三大名山之首。站在山坡上，可以看到那些似乎是为了迎接帝王陵寝而雕刻的峰峦谷坳，满语中的"翠绿的山"在此刻显得如此生动。

　　医巫闾山的神庙是全国五大镇山中保存最完整的镇山庙，始建于隋开皇十四年（594），金大定四年（1164）重修后改称"广宁神祠"。关于"广宁"，当地还有一个美丽的传说。起初，镇海的龙王"医巫闾"作恶多端，经常发大水冲毁村庄田地。一个叫广宁的小伙子正直勇敢，在海上打鱼时见到了恶龙，就用渔网勾住恶龙的牙齿，怎奈恶龙法力太高，将广宁抓到龙宫水牢。恶龙的妻子是东海龙王的女儿玉静公主，她反感做坏事的恶龙，偷偷放了广宁，还送给广宁两件斩龙的宝贝——斩龙剑和覆海土。她叮嘱广宁不要多用覆海土，用多了触犯天规，他会变成石头。广宁辞别公主，待恶龙上岸吃人时，他冲了上去，挥剑向恶龙砍去，同时，他撒起覆海土，海里立即出现一片土地。广宁高兴了，忘记了公主的嘱咐，不停地撒起来，受伤逃回海里的恶龙藏不住了，蹿出水面，被广宁挥剑砍死。就这样，汪洋大海变成了平坦的滩地，死去的恶龙变成一座蜿蜒的

北镇医巫闾山

山峦，广宁则变成了山上的一座高峰。为纪念斩龙英雄广宁，人们管新建的城池叫广宁城，西面的山叫医巫闾山，医巫闾山最高峰叫望海峰，望海峰昼夜都在默默遥望，遥望着大海里的玉静公主。

北镇庙是一座宏伟的建筑，它坐落在山坡上，距离北镇市区仅2.5公里。庙宇层叠有次，顶覆绿琉璃瓦，满布彩绘和星宿像，岁月的痕迹散发着传统精神的力量。山门前的四尊石狮十分独特，它们分别代表喜、怒、哀、乐，造型别致，栩栩如生。"众生不悟，迷乱七情，喜怒哀乐，神丧于形。"民国年间战乱，北镇庙遭受损坏，庙宇旁边号称九九八十一间的行宫，只剩下了基座，空旷的场地上，跳跃着乌鸦，隐约可以感受到当年的盛况，旗幡招展，鼓角浩荡，香火缭绕。

自古以来，闾山孕育了无数的英才，他们在这座山中寻找智慧，打磨品性。元朝重臣耶律楚材就是其中一位，他幼年在闾山苦读诗书，研习治国经略，最终成为辅佐成吉思汗的贤臣名相，功绩千秋。而清朝十二帝中有四位皇帝，康熙、乾隆、嘉庆、道光都曾先后数次来闾山巡游，留下大量的御笔题咏碑刻。在遗存的大量诗句中，有两首我印象深刻，一首是清代多隆阿的《望医巫闾山》："巫能通鬼神，医能别生死。……拜忏崇香灯，住持云霞里。……"另一首是金代蔡圭的《医巫闾》："幽州北镇高且雄，倚天万仞蟠天东。祖龙力驱不肯去，至今鞭血余殷红。……"前一首是"巫"与"医"通俗解释，后一首是鞭血的色彩。

登医巫闾山，似乎能感觉到它的呼吸，这是一种历史的呼吸，深沉而厚重，像是一个老者正在讲述他的生平事迹。那里有从虞舜至明清4000年的文明史，有辽王朝的龙兴之地，有大辽萧太后萧燕燕的陵墓，走进大石棚内，会看到传说中清太祖努尔哈赤的救命恩人胡三太爷、胡三太奶的祠堂。那是清太宗皇太极亲笔御封的"天下第一仙堂"，每年都有许多人到此祭拜。这些北方民族封禅文化的遗存，赋予医巫闾山无穷的魅力。

医巫闾山仿佛是一本翻开的历史书，数不尽的古刹和神祠伫立在山间，悠久的历史气息弥漫于空气之中。每一个寺庙、每一座祠堂都是一幅栩栩如生的历史画卷。那些历朝历代的封号、石碑、诗篇都像是书页上的文字，讲述着辽、元、明、清四个时期的故事。在这座山上，你能感觉到历史的流动，能听见时间的声音，能看见文化的印记。它如同一个老者，安静地坐在那里，等待着我们去聆听他的讲述。

医巫闾山以无比富饶而独具特色的方式展现出"泰山之雄、华山之险、黄山之奇、峨眉之秀"的形态。春日清晨，山谷里的梨花盛开如雪海，白色的花瓣在微风中轻轻飘落，像是天空中跳动的羽毛，给整个山谷增添了一种梦幻的氛围。拾级而上，山形如龙蟠蜿蜒，满眼翠色。古木参天，阳光透过密林洒在脚下，清风悠然，鸟语花香，让人感受到大自然的魅力。随着夕阳的落下，霞光漫步天际。医巫闾山在夕阳的照耀下显得更加神秘而庄重，它就像一个沉睡了千年的巨人，正在梦中回忆自己的过去。

山脚下的北镇是个历史厚重的古镇。在这里，可以找到李成梁石坊、鼓楼、双塔等古迹，它们见证了历史的变迁，讲述着一段段旧日的传说。在这里能品味时间的韵味，体验历史的魅力。

昔日的闾山是帝王将相、文人雅士登临吟咏之所，现今的闾山则成了广大游客休息览胜、寻幽探奇之地。在这里，时间似乎静止了，山峦、溪水、古迹见证着岁月的更迭，内心的喧嚣被平静取代，仿佛穿越了时空，在远离尘嚣、淡入极目的地方，在哀愁的迷雾中找到了救赎。

医巫闾山是一个富有哲学性的存在，它在提醒时光，感受生命的意义。

高山流水

静置天地棋局

——棋盘山

　　棋盘山地处沈阳市东北部，成为长白山系哈达岭余脉的默默守望者，矗立在相距沈阳市中心32公里的地带，是辽东低山丘陵地带向西延伸的地段。

　　相传古时有黑白二龙在此山常住，故此山旧称为"龙山"。尽管如今知道这个名字的人已经不多，但这个传说仍然赋予棋盘山独特的韵味和神秘色彩。那是一个关于黑色和白色龙王的对局故事，他们在美丽的山巅上下棋，以妻子为赌注，三天三夜仍无胜负。后来，节外生枝，黑龙王因妻子的失误而全盘失利。白龙王欲带走黑龙王的妻子，岂料她执意不从，于是就有了拉扯的痕迹。据说如今山上的草都是斜长着，那就是当年拖曳留下的记号。同时，九龙溪上的石头，还清晰地印着黑龙妻子的脚印。这是自然的民间传说，还有一个人文的民间传说。古时候在天池边，八仙之中的两位——铁拐李和吕洞宾，发现了这座耀眼的山峰，看见一块平整的巨石，四四方方、光滑明亮，像极了棋盘，于是在此对弈。无论昼夜，他们都沉浸在棋局中，最后，这座山成了仙人的棋盘山。当然，还有一种说法，"棋盘山"得名是因为这里曾经举办过国际女子世界象棋冠军争夺赛。

　　棋盘山的自然景色丰富多彩，它属于长白山、华北与内蒙古植物区系的交会过渡地带。春季里，山峦覆盖着新生的翠绿，像是大

美丽棋盘山

古棋盘石

地披上了一袭绿绸长裙，轻舞在温暖的风中，山梨树、桃树、李树、杏树等花卉竞相开放，形成了一派争奇斗艳的景致。当秋季来临时，满山的枫叶如同燃烧的火焰，执拗而热烈，榛子和山里红果实累累，仿佛是大自然赠予的礼物，同时也是对生命季节更替的最好见证。所有这些都使得棋盘山成了一个生态旅游的胜地，成群的游客在此享受着自然的恩赐，并领略大自然的奇妙。

棋盘山景点众多——北岭春晓、芳草云天、秀湖烟雨、碧塘风荷、辉山晴雪、棋盘远眺、向阳红叶等，每一个景点都像是一枚精心布置的棋子，每个人的棋局和下法各有千秋。清末诗人陈曾寿诗曰棋盘山：湖堂扇残暑，山中凄已秋。楼栏下黄叶，新悴故不留。惊烽隔旦暮，尘语破岩幽。死生一大事，历劫成虚舟。

除了丰富的自然资源，棋盘山还有深厚的文化底蕴。作为沈阳市东北角的一颗明珠，棋盘山与喧嚣的城市保持着恰到好处的距离。这片被宏伟山川和历史底蕴共同雕琢的风景区，恰如其分地展现了它的美丽。著名风景区秀湖，湖面碧波荡漾，依山傍水，像是一颗璀璨的绿宝石镶嵌在群山中央，静谧而深邃。没有浑河的辽阔，没有蒲河的湍急，秀湖以它独特的平静和深沉，向世人展示了它的魅力。站在湖边，可以看到山水交相辉映，让人沉浸在这片无比动人的景色之中。

关东影视城在秀湖之畔，这座复古城以清末民初时期沈阳北市场风貌为蓝本建造，再现了沈阳北市场曾经的繁华景象，每一栋建筑，每一条街巷都弥漫着浓郁的人间烟火气息，仿佛是一个穿越时空的门户，把游客带回了百年之前，感受到那个时代与现今的碰撞与共存。岁月流转，而历史的痕迹永不泯灭。

向阳寺是一座掩映在青山绿水之间的古刹，虽然曾经遭遇毁坏，但正在修复之中。从殿堂内观世音菩萨、十八罗汉等全身塑像的精

飞弁

美丽影视城

致工艺中，能够感受到宏伟之感，寺庙墙壁上色彩斑斓的壁画更是将这份美感展现得淋漓尽致。

棋盘山还有一处名为"点将台"的景点，据说是清太祖努尔哈赤调兵遣将的地方，如今仍耸立着一座大石台。此外，还有棋盘山脚下沉静的仙人洞，神秘而深邃。秀湖东岸矗立的妈妈石，使得冷峻山色平添了一份温情。

清晨，阳光照耀在棋盘山上，洒满了金色的暖意。步入棋盘山深处，仿佛能听到淙淙流水，以及风穿梭在森林之中的声音。山间的空气带着清新的味道，每一次呼吸都像饮醉了一般。沿着山路前行，可以看见绿意盎然的树林间点缀着洁白的花朵，仿佛是棋盘上的棋子。不论是点将台、妈妈石，还是高句丽山城，每一步都在探寻时间的印记，每一处都充满着大自然的勃勃生机。向阳寺、南天门、仙人洞等人文景观，仿佛在诉说着那个曾经存在的世界，将时间拉回到古老的年代……一切似乎都在眼前：那霁雪的山峦、那斜长的草木、那皎洁的月光、那石头上的脚印以及对弈者的沉思。现实与幻想、历史与梦境交织在一起，棋盘山还有很多很多的美等待被发现，等待被记住，等待被珍藏。

棋盘山，是一处充满诗意的地方，是一副洪荒之力的天地棋局，那里展现的也许是大自然的法力和智慧，万物生长，不死不灭。有趣的是，无论怎样，时间都不会被深深打动。

那些凝固在时间中的故事，本身不就是一盘永远也下不完的棋局吗？

云雾缠绕的山城

——五女山

　　五女山山城位于桓仁县北浑江右岸，与县城相距8公里，四周绵延的峭壁将其围绕，宛如一座悬挂在天空中的巨大方盒子，南北长1500多米，东西宽300~500米。五女山主峰高达804米，山城壁高200余米。经历了千百年的岁月洗礼，五女山城任凭乱云飞渡，仍坚如磐石。

　　4500多年前，我们的先祖就选择了五女山，在那里繁衍生息。近年来，考古专家在山上发现了大量的古代遗迹和遗物，其中包括新石器晚期的陶器，这些遗物见证了人类在这座山上生活的痕迹。另外，还有战国晚期的石剑、石凿、陶壶等兵器和生活、生产工具，让我们更加深入地了解了这片土地上曾经发生的故事。

　　时光移位到汉建昭二年（前37），北扶余王子朱蒙因宫廷之争逃亡至沸流水畔，在山上建立都城，史称纥升骨城。"纥升"是说仙气缭绕上升，"骨"象征着坚固无比，国号为"卒本扶余"。扶余为中国东北地区古代的少数民族，最初生活在浑江和富尔江流域，汉武帝设"四郡"时，在这个地区设置了高句丽县。汉绥和元年（前8），朱蒙被西汉封为侯爵，后来，朱蒙之子高类利兼并了高句丽县的"句骊胡"，借用其名称之"高句丽"。当时，高句丽只是县域政权，玄菟郡管理日常事务并任免官员发放朝服。高句丽第二位王"琉璃明王"高类利，于公元3年将王城迁到"国内城"，即今天的吉林省集安市。高句丽时期，纥升骨山城从未被敌人攻占。

桓仁五女山

五女山之名源自传说，相传唐朝有五女踞山为伍。此外还有合罗城、五龙山、五老山、郁灵山、于郎山、五余山等称谓。这里作为高句丽开国都城，与集安市的高句丽遗迹一起被列入世界文化遗产名录。

站在山脚下，远望那座突兀崛起的山峰，江雾之中，城堡如在天上，"飞来峰"赫然独立于世俗之外。沿着蜿蜒的山路拾级而上，古树参天，老藤缠绕，千姿百态，枝叶繁茂，清新宜人的微风轻拂着脸庞，仿佛是大自然的呼吸和耳语。山泉鸣咽、溪水淙淙，奇花异草点缀其间，绽放出绚烂的色彩，常绿阔叶林、落叶阔叶林、针叶林等森林种类丰富，森林覆盖率高达88.4%，生态环境健康稳定，动植物多样丰富，蜥蜴、松鼠、草原鸟类等珍稀动物栖息藏于险峻奇秀之中。5位仙女的传说故事更为这幅美丽画卷增添了几分神秘色彩。从天女峰的树木到玉女峰下的雕刻石料，从参女峰的人参到秀女峰的美貌，再到春女峰的温柔，尤其是5位仙女化作石峰的故事，令人感叹万物皆有灵性。

山景徐徐展开，百转千回的羊肠小道如同攀附山岩的古藤，使得五女山犹如天然要塞，穿行在古老的山道之上，越过十八盘，感受着青石板铺就的道路带来的古朴与历史的深沉。"一线天"幽邃深远，最深处30多米，最窄处半米左右，站在其中向上仰望，眼前只剩下一线映入眼帘的蓝天，无尽的宁静和深邃，仿佛自然界鬼斧神工的杰作。

整座山城依山势而建，由山腰的外城和山顶的内城两部分组成，分东西二门，山城东、西、北三面都是百尺峭壁，南面是险峻的陡坡，南北长1540米，城内发现了3处大型建筑遗址以及城墙、哨所、兵营、蓄水池等遗址，可容万人，易守难攻。山上有自然景观和人文景观60余处，如五女庵、大观楼、关帝庙等，顶峰在云雾中若隐若现。远望向北，连绵的山峦犹如层层叠叠的翠华楼阁，宛如一幅水墨丹青；向南看去，悬崖临江，怪石嵯峨，雄伟而峻秀；东侧的群山壁立千仞，古松寿柏的翠色葱茏显得生机盎然；西面则是鹿头峰挺拔地探出"长茸角"。置身于这样的景色中，我感受到了湖水欲飞、青山欲倾、怪石欲坠的震撼。

站在山巅，放眼望去，桓仁县城阴阳八卦城映入眼帘，浑江如同一条巨龙，腾跃而下，在山脚下蜿蜒流淌，景色壮美。点将台处于五女山山城的制高点，突兀高耸，壁立千仞，居高临下，视野开阔。从这里凭栏远眺，桓龙湖卧踞足下，如同一面烟波浩渺的镜子，将云天山水的和谐映照得浑然一体，疑似一个掌中世界。登上太极亭，可以凭栏眺望山下蜿蜒流淌的川流，或曲折，或温柔，其盈盈碧波仿佛流淌着岁月。水因山光而妩媚，山因水色而嵯峨。

山城巧妙利用地形险要这个天然屏障，只在缓坡处人工砌筑防御墙。凭借这种天然防线，古人发挥聪明智慧，利用楔形石构建起坚固耐久的城墙，楔形石技艺是关外城池建筑史上绝无仅有的，这种独特的建筑技艺，用天然墙和人工墙相结合的方式，完美地融合了自然地貌，使得五女山历经千年仍坚如磐石。

为写长篇小说《山巅之城》，我与评论家周景雷、作家姚宏越实地考察高句丽山城，再次来到了五女山。昔日雄壮的古城墙如今变得沧桑而陈旧，石头上的苔藓斑驳褐黄，像沧桑老人脸上的癍痕。奇峰云雾，林海松涛，隐约点燃的烽烟，吹响的号角。事实上，这座古人把智慧砌在石头缝里的山城并没有发生激烈的战事，好像一把没上过战场厮杀的宝刀，在库房里一点点生锈了。五女山仍在岁月中美丽着，春有吐蕊杜鹃，夏有飘香木兰，秋有漫山红叶，冬有傲雪松柏。一个王朝的脚印在时间和空间里若隐若现。

湖水泛起细浪，映出片片彩霞，浮光跃金，摇曳光芒。五女山城只是在历史的长河中投下了一道道倒影，静静伫立，寂语千年，默默守护一段传说。

凌空临池

——笔架山

全国有太多笔架山了，或者叫着"笔架山"的地方。随便一翻就找出一堆名字——清远、泉州、福田、益阳、泸州、茂名、茨坪……本文说的笔架山是锦州笔架山，此山位于辽宁省的西部，面对渤海，毗邻锦州港，除了山形像中国传统文房四宝中的笔架，一个特别之处在于，它是一个孤悬海上的小岛，而且还有"天桥"连接，每当涨潮时天桥就被海水淹没，落潮时天桥露出水面，每天潮涨潮落两次，"天桥"露出水面两次，这一奇观，世上独一无二。

清代金朝觐写笔架山："卓笔峰高不可求，临池空自意悠悠。此中本有珊瑚架，铁网何须屡溯游。"站在海岸边，静静地凝望着远方的笔架山。这座距离岸边1620米的怪石嶙峋的岛屿，峰峦起伏，有3个尖峰，形态宛如一个巨大的笔架。傍依的渤海是一幅展开的画纸，大自然是最好的画笔，所有的风景都描绘在大自然这幅巨大的画卷里，悬挂在海天之间。

传说这个笔架山是天上仙女所造，不然，这里也过于巧夺天工了。

一般来说，来登笔架山的人都会计算好潮汐时间，除非就是来误打误撞的，或者想了解天桥的全貌。游人少的时候，岸边十分宁静，空气中弥漫着大海的腥味，那是大海的呼吸，当微风轻拂脸颊，仿佛海风深情的亲吻。海浪一波一波，漫过沙滩，灌进海螺，发出

神奇天桥笔架山

笔架山

检票处

验票处

轻吟低语，仿佛在诉说一个又一个关于大海的故事。

岸与岛之间，一条通道随着潮涨潮落时隐时现。涨潮渐渐退去，一条宽约30余米的卵石通道露了出来，像一条蜿蜒的蛟龙浮现在海面上，这便是被人们称为"天桥"的通道，连接着海岸和山脉，仿佛是海神与陆地之间的秘密通道，人们可以沿着这条沙石路走向笔架山。这个时候，有人急急忙忙奔向笔架山，有人在盘桓拍照，还有"赶海人"拎着小桶，撬动小石头，挖下面的贝类。

涨潮时，海水从两边夹击而来，天桥在海浪中渐渐变窄，模糊了天桥的轮廓，直至完全消失在海面之下。然而，落潮后，天桥将再度复苏，像是受到神秘力量的驱使，日复一日。

登上笔架山，你会被一系列道教庙宇所吸引。吕祖亭、五母宫、三清阁等古建筑群矗立在山顶，默默诉说着千年的往事。每一个庙宇都像是自然和人类智慧的结晶，富有历史感的同时也充满了神秘色彩。其中最为精美的应该是主峰之上的三清阁，八角攒尖顶、飞檐翘角，造型独具特色。这座采用花岩石仿木建筑结构的六层高楼，没有一根钉子。每一块石雕都精湛无比，纹理细腻，仿佛只需轻触就能感受到时光的流转。

笔架山是一个绿色的岛屿，除了人文景观之外，自然景观也十分丰富。马鞍桥、一线天、神龟出海、石猴泅渡、虎陷洞、梦兰湾等，散落地分布在岛屿、海面和岸边。那是自然界的多姿多彩与奇妙无穷，日月星辰下时光雕刻的鬼斧神工。在那里，仿佛可以感受到时间的呼吸。

去笔架山最好准备两双鞋，一双是不怕水的拖鞋或凉鞋，退潮时蹚着海水过天桥。天桥是一条由潮汐冲击而成的沙石路，深浅不一，而且有5道弯，有的地方需要蹚水过去。同时，还要防止被海水冲走。另一双是旅游鞋或平底鞋，爬笔架山并不轻松，登山时因脚不舒服而影响心情，那可得不偿失。顺便提一句，笔架山小海鲜的品种很多，一定选鲜活的吃，不介意的话，最好吃点大蒜。

有朋友去笔架山，是在干潮时走的天桥。他在海滩上拣了一些海洋小生物，其中有一只空壳的海螺。他跟我说，那个海螺放在枕畔，经常能听见海风和海涌的声音，不知真假。

海上盆景

——海王九岛

　　晨曦微明，置于大连庄河的一片宁静海域，随着初升的太阳照亮天际，海王九岛渐渐展现，大海王、小海王等小岛组成的群岛，雄踞黄海，惊世骇俗。

　　首先映入眼帘的是大海王和小海王两座重峦叠嶂的主岛。岛上植被丰富多样，色彩斑斓。沿着风景海岸线前行，清澈见底的海水波光粼粼。细腻的沙滩如同银白色的丝绸，阳光在海面上反射出无数耀眼的光斑。奇形怪状的礁石群立于海滩之上，仿佛是神奇力量雕塑而成，令人惊叹不已，大象吸水、骆驼奇峰、双狮争雄、海马巡滩、神龟探海……这些自然形成的景观极具视觉冲击力，仿佛是大自然亲手雕琢出的艺术品。

　　海王九岛不仅是一个自然的野生动物栖息地，更是许多珍稀鸟类的家园。白天，海鸥在碧空中翱翔，海鸭在波光粼粼的海面上嬉戏；夜幕降临时，白鹭则会返回海岛，它们的倩影在月光下若隐若现。嶙峋怪石反射着银光，岩洞深邃而神秘。

　　传说中的海王是一个能量巨大的自然力量的代表，他掌管着地球上的海洋，维持着陆地和大洋的平衡。两万年前的某一天，海王醒来，愉快地巡视了整个海洋世界，到了黄海东岸的群岛歇息，他被眼前的美丽景色深深吸引，决定将小岛委托给他的儿子小海王和几条亲近的龙管理。海王那庞大的身躯缓缓沉入海底深处，选择了

天然雕塑大象吸水

大海王岛作为他的居所。这里有一个深不可测的洞，被称为海王洞，这就是海王的出入口。小海王则居住在小海王岛。他们都在尽其所能守卫着这个神秘的海洋世界。

这里曾是中日甲午战争的激战海域，海岛也一度成为日本侵略者的军事基地。岛上的王家岛防倭寇烽火台遗址、国际灯塔和后滩港码头遗址静静地诉说着历史的沧桑。这些遗迹无声地向人们讲述着并不久远的历史，警醒人们要珍视和平，勿忘国耻。

独特的海蚀地貌、优美的风景、珍稀的动植物种群以及丰富的历史文化资源共同构建出了这个"海上盆景"。无边无际的海洋中，一些神奇的礁石和6个小岛浮现出来，构成了一个复杂而美妙的生态系统。元宝岛、海龟岛、井蛙岛、观象岛、双狮岛、团圆岛，每一个岛都有自己特殊的形象和魅力，仿佛是海王精心打造的艺术品。从白天到黑夜，每一个角落都散发出活力和生机。

站在这片静谧的海域，可以感受到大自然的伟大和它对人类的恩赐。元宝岛是一个占地仅0.14平方公里的海洋瑰宝，因其地形酷似古代的元宝而得名，它尽管小巧，却是海鸥和海鸭的乐园。当太阳的光芒洒向大海，水面上漾起的金色波纹如同闪耀的元宝，闪烁着人们对幸福的向往。观象岛上，挺立的石像恒久地坚守着，让人对大自然心生敬畏。位于南面的团圆岛，有3条沙冈通向各个方向，让生活在这里的生物能自由地穿梭于各个岛屿之间，它们在这里聚集，繁衍，生息。海浪轻拍着海滩，载着幸福的微笑，洒下温暖和希望。海域的东端，银窝重镇矗立着，"海上石林"的景象令人震撼。高耸入云的巨石如同雄鹰展翅欲飞，仿佛诉说着荣耀和希冀。从高空远望那个横卧在碧蓝大海中的小岛，它犹如一条瘦骨嶙峋的龙躺在那里，这便是寿龙岛，一个美丽而富有神秘色彩的地方。

海王九岛有一尊黑色石礁雄立在碧蓝海水之中，它高出水面20

海上一叶舟

余米，此石被称为牛心黑石，金属元素含量丰富，专家推测，它的存在可能与天体陨石坠落有关，这样的说法让人不禁对这片海域的过去充满了无限的幻想。鸟儿们的鸣叫引领访问者来到一处名为观鸟台的地方。岛与岛之间是海鸟的世界，密密麻麻的海鸟时而腾空翱翔，时而落礁憩息。海鸥飞起如片片雪花轻盈飘舞，黑色的礁石、洁白的浪花、水鸟的歌唱，共同构成了如醉如痴、美妙自然的生命韵律。

　　海王九岛的魅力在于原生的"海味儿"，碧蓝透明的大海、瑰丽神奇的礁石、群栖飞舞的鸟类、热情淳朴的民风和美味可口的海鲜，吸引着八方游客前来探索其神秘的韵味。夏日的阳光下，游人在这里看海、听海、探海、玩海，体验渔家生活，感受自然与人之间的亲近与和谐。

"海上盆景"

没有獐子的獐子岛

——獐子岛

　　知道獐子岛居然跟电话有关，那个年代通电话很不容易，獐子岛曾是微波程控电话入户率达100%的地方，被原国家邮电部命名为"中国电话第一岛"。

　　獐子岛位于长山群岛的最南端，仿佛一颗镶嵌在黄海上的璀璨珍珠。岛屿地处亚欧大陆与太平洋之间的中纬地带，本来属北温带亚湿润季风气候区，由于受到海洋气候影响，阳光明媚，空气温和。从大连市坐船，大约需要56海里的路途，并经历一场日光海风之旅。蔚蓝的海水波光粼粼，微风轻拂海面，远处，几只白鸥自由地翱翔，宛如诗人笔下自由的灵魂，将心灵带入轮廓无边的天际线。整个岛屿由獐子岛、褡裢岛、大耗子岛、小耗子岛4个小岛组成。獐子岛拥有多样化的旅游景区景点——金沙滩浴场、鹰嘴石森林公园、鸭石旅游度假村、风力发电工程和滨海路。金沙滩浴场是一个阳光灿烂的海滩，海风吹过脸颊，海浪轻拍岸边，享受细软的沙子踩在脚下的感觉。鸭石旅游度假村坐落在青山绿水之间，置身于大自然的怀抱，感受到生命的力量。风力发电工程象征着科技进步和环保意识的提升，为这片净土增添了一份独特的韵味。鹰嘴石森林公园是大自然的艺术品，那些经历风雨洗礼后依然屹立的树木，仿佛在诉说着岁月的沧桑和生命的坚韧。滨海路宛如一条丝绸般柔软的彩带，环绕在山海之间，沿着滨海路漫步，心灵也随之得到舒缓

海上朝霞

美丽的小岛